Gisela Greulich-Janssen

Fühlen und Denken – Wege zur Person

vta

Gisela Greulich-Janssen

Fühlen und Denken – Wege zur Person

Philosophische und anthropologische Aspekte in der Psychotherapie

unter Mitarbeit von Gert Janssen

vta

Impressum

Die Deutsche Nationalbibliothek verzeichnet diese Publikation in der Deutschen Nationalbiographie; detaillierte bibliographische Daten sind im Internet über http://dnb.dnb.de abrufbar.

1. Auflage September 2017

Dr. Gerald Mackenthun, Eberbacher Str. 4, 14197 Berlin, 030 8227813

Email: verlagta@gmail.com

www.verlag-ta.de

Druck und Vertrieb: Books on Demand GmbH
In de Tarpen 42
22848 Norderstedt

Gesetzt aus der Athelas serif und der Gill sans serif light.

Umschlaggestaltung: deblik Berlin, unter Verwendung eines Ausschnitts des Bildes „Ein Sonntag Nachmittag auf der Ile de la Grande Jatte“, Ölgemälde von Georges Seurat (1885). („This is a faithful photographic reproduction of a two-dimensional, public domain work of art.“ Wikipedia, Stand 8. Oktober 2017)

ISBN 978-3-946130-08-6

Wohl dir, wenn die Vernunft immer im Herzen dir wohnt.
Friedrich Schiller

Wenn wir die Menschen nur nehmen, wie sie sind,
so machen wir sie schlechter;
wenn wir sie behandeln, als wären sie,
was sie sein sollten, so bringen wir sie dahin,
wohin sie zu bringen sind.
Johann Wolfgang von Goethe

Inhalt

Inhalt

Vorwort

Das vorliegende Buch umfasst eine Reihe von Vorträgen und Aufsätzen, die während meiner Tätigkeit als Psychotherapeutin und Mitglied im Berliner Arbeitskreis für Tiefenpsychologie, Gruppendynamik und Gruppentherapie (ITGG) entstanden sind. Der Begründer und Mentor des Arbeitskreises, Prof. Dr. Dr. Josef Rattner, hat uns oft darauf hingewiesen, dass die Tiefenpsychologen den Hauptakzent auf die Beschreibung verirrten Gefühlslebens setzen und darin Wunderbares geleistet haben, dass es dennoch nottut, grundlegende Begriffe der Psychotherapie auf ein philosophisches Fundament zu stellen. Im Mittelpunkt derartiger Überlegungen standen immer wieder Phänomene wie Gefühl und Affekt, Liebe und Mitgefühl, Denken und Wille oder Wert und Person.

Davon angeregt habe ich verschiedene Vorstöße in die philosophische Anthropologie unternommen, die mir zu einer vertieften und präziseren Sicht der Themen verholfen haben. Wenn möglich habe ich die gewonnenen Erkenntnisse in passenden Fallgeschichten veranschaulicht. Im Laufe der Zeit sind zehn Aufsätze – zum Teil unter Mitarbeit meines Mannes Gert Janssen – entstanden, die ich hiermit unserem Lehrer, dem Arbeitskreis und psychologisch interessierten Lesern vorlege.

Berlin, September 2017

Gisela Greulich-Janssen

Gefühl, Wert, Liebe und Person in der Philosophie und Psychologie Max Schelers und in der Psychotherapie

Am Institut für Tiefenpsychologie, Gruppendynamik und Gruppentherapie Berlin besteht die langjährige Gepflogenheit, sich über zentrale Begriffe der tiefenpsychologischen Theorie und Psychotherapie vielfältiges Wissen anzueignen und kritisch zu reflektieren. So stehen die Gefühle, fundamentale Kräfte im Seelenleben, immer wieder im Brennpunkt des Interesses. Psychotherapeutische Verfahren wie die Psychoanalyse, die Individualpsychologie, die Neo-Psychoanalyse u.a. haben sich intensiv mit der Beschreibung gestörten Gefühlslebens sowie mit der Formulierung gesunden Gefühlserlebens befasst. Ihre Ergebnisse gehören zu den Grundlagen der Ausbildung am Institut. Es besteht hier die Auffassung, dass das Phänomen „Gefühl" – wie andere Phänomene auch – philosophisch fundiert werden sollten, will man sein Verständnis auf eine breite Basis stellen. So sind wir u.a. bei einem Philosophen unseres Jahrhunderts in die Lehre gegangen, der über Gefühle und damit im Zusammenhang stehende Begriffe wie Wert, Liebe und Person wesentliche Aussagen gemacht hat. Die Rede ist von Max Scheler.

Max Scheler lebte von 1874-1928. Er lehrte u.a. in Jena, München und Köln. Scheler war Lebensphilosoph und Phänomenologe. Über viele Jahre war er dem Katholizismus verpflichtet. Für uns Tiefenpsychologen wichtige Werke sind einmal *Wesen und Formen der Sympathie* von 1912, dann *Der Formalismus in der Ethik und die materiale Wertethik* von 1916 und drittens *Die Stellung des Menschen im Kosmos* (1928).

Die Lebensphilosophie – ich referiere aus dem philosophischen Wörterbuch von Schischkoff – steht auf der Seite des Gefühls. Sie geht vom unmittelbaren Erleben aus. Sie verteidigt die Anschauung gegen den Begriff und sucht das Schöpferische im Menschen zu ergründen. „Die Lebensphilosophie will das Leben aus ihm selber verstehen". Große Lebensphilosophen waren Schopenhauer, Nietzsche und Dilthey (Schischkoff 1974, S. 376f.). Besonders mit Nietzsche hat sich Scheler eingehend befasst.

Die Phänomenologie ist eine philosophische Methode, die sich durch besondere Strenge und Gewissenhaftigkeit bei der Zergliederung der Gegebenheiten auszeichnet. Unter Gegebenheiten versteht der Phänomenologe seelische Erscheinungen wie Depressionen, Phobien oder Mitleid. Nach Meinung kritischer Kollegen hat es Scheler an Strenge und Gewissenhaftigkeit gefehlt. Aber die ausgearbeitete Methode der Intuition, über die die Phänomenologie verfügt, entsprach ihm sehr. Seine Philosophie strotzt von fruchtbaren Einfällen. Des Weiteren ermöglicht die phänomenologische Methode die Erkenntnis allgemeiner Wesensgesetze wie z.B. des Wesens der Liebe, worauf ich noch zu sprechen komme (Mader 1980, S. 36).

Für Schelers Hinwendung zum Katholizismus ist der häusliche Hintergrund aufschlussreich. Er entstammte einer Ehe, in welcher erhebliche Spannungen bestanden. Der Vater war vom lutherischen zum jüdischen Glauben übergetreten, um Schelers Mutter, eine Jüdin, überhaupt heiraten zu können. Die Lyrikerin Claire Goll sagt über Schelers Mutter: „Sie war eine sehr schöne Frau, aber orthodox genug, um einen Rabbiner zum Antisemiten zu machen". Der junge Scheler wuchs einerseits auf unter Verschwendung und Verwöhnung, andererseits mit den von der Mutter gesetzten Zwängen, Vorschriften und Forderungen. Früh empfand er seine emotionale Ungeborgenheit und Zerrissenheit. Eine lebenslange Sehnsucht nach Zuneigung und gefühlsmäßiger Sicherheit wurde für Max Scheler bestimmend. Es ist nachvollziehbar, dass Scheler von der Idee der Liebe fasziniert war, die besonders in der katholischen Philosophie ihre Tradition hat. Vor allem seit den Kriegsjahren (1914-1918) engagierte er sich für einen im Geist der platonisch-augustinischen Liebesidee interpretierten Katholizismus. Daher war die Enttäuschung in der katholischen Welt groß, als ihr einflussreichster Propagandist sich nach 1920 von ihr distanzierte. Schelers kompliziertes Eheleben wie auch die anti-katholische Haltung seiner dritten Frau, Maria Scheler, werden zu der Abkehr beigetragen haben.

Im Vorwort zur dritten Auflage der *Ethik* von 1926 schreibt er: „Es ist der Öffentlichkeit nicht unbekannt geblieben, dass der Verfasser in gewissen obersten Fragen der Metaphysik und der Philosophie seinen Standort ... so tiefgehend geändert hat, dass er sich als einen ‚Theisten' (im herkömmlichen Sinne) nicht mehr bezeichnen kann" (Scheler 1980, S. 17). In seinen letzten Lebensjahren befasste sich Scheler eingehend mit dem großen holländischen, als Pantheisten bekannten Philosophen Baruch de Spinoza. Er entwickelte nun eine pantheistisch-personalistische Metaphysik.

Grundpositionen der Schelerschen Gefühls- und Wertlehre

Wie in der Einleitung angedeutet, soll es in diesem Vortrag um philosophische Aussagen zu den Phänomenen Gefühl, Wert, Liebe und Person gehen. Ich will zunächst einige Grundpositionen der Schelerschen Gefühls- und Wertlehre vorlegen. Mit den gewonnenen Einsichten sollen dann verschiedene Probleme der tiefenpsychologischen Neurosenlehre und Psychotherapie betrachtet werden.

Zunächst zu Scheler. Da heißt es: 1. *„Fühlen ist Werterkennen"*. Das heißt, mit jedem Gefühl wird ein Wert erlebt oder erfahren. Dann sagt Scheler: „Das Werterkennen geht allem bildlich-gegenständlichen Erkennen voraus". Das heißt, die primäre Beziehung zur Welt ist emotional-werthafter Natur. Als Beispiel führt Scheler einen Kunstkenner an, der die Schönheit eines ihm unbekannten Bildes klar fühlt, ohne aber gleich die Faktoren benennen zu können, an denen der Wert haftet. Dazu bedarf es längerer und ruhiger gedanklicher Arbeit. Ein Werterlebnis wird gemacht, ehe ein Mensch nachgedacht, abgewogen und geurteilt hat. Ein einfaches Beispiel aus dem Alltag ist ein Kind. Es hat mit der Schulklasse einen Ausflug gemacht und Freude erlebt. Soll es nun seinen Erlebnissen gedanklich-sprachlichen Ausdruck geben, kommt es, wenn es nicht gewandt ist, mitunter in arge Verlegenheit. Die gedankliche Verarbeitung hinkt der Gefühlserfahrung hinterher.

2. „Der Mensch ist *ens amans*", d.h. Scheler versteht den Menschen als ein liebendes Wesen. Der Mensch ist bereits *ens amans*, noch ehe er *ens cogitans* oder *ens volens* ist. Das heißt, *vor* allem Denken und *vor* allem Wollen ist er ein liebendes Wesen. Liebe ist ein Urakt des Menschen. Durch sie geht er aus sich heraus und über sich hinaus und nimmt Teil an der Welt. Liebe bedeutet gleichsam Sprengung der Grenzen des eigenen Seins und Soseins. Ein Akt der Liebe wäre, einem Mitmenschen zuzuhören, allein getragen von der Intention, verstehen zu wollen. Neugier, Besserwisserei, Ungeduld oder andere Merkmale einer Ichbefangenheit dürfen dabei nicht stören.

3. „Der *ordo amoris*". Das primäre liebende Verhalten versteht Scheler - wie schon gesagt – als ein emotionales, wertnehmendes Verhalten. Dem Menschen tun sich permanent Werte auf, sofern er der Welt liebend zugewandt ist. So

erfreut ihn z.B. beim Aufstehen die Schönheit der Morgensonne, das Erfrischende des Duschbades, das Belebende des Kaffeeduftes, die vertraute Erscheinung des Partners usw. Wer das nicht oder nur selten erleben kann, ist in seinem Wertfühlen gestört.

Das Gefühl kann aber noch mehr. Auf dem Wertfühlen baut sich eine weitere Schicht mit werterkennenden Fähigkeiten auf, die Scheler „Vorziehen" und „Nachsetzen" nennt. Hier werden die Werte in ihrem Höher- und Niedriger-Sein erfasst. Der Mensch ist zum Werteordnen sein ganzes Leben hindurch aufgefordert, aber am dringlichsten ist die Wertfrage wohl in der Pubertät und in Lebenskrisen. Die Pubertät ist eine Phase großer Wertunsicherheit und eifriger Wertsuche; denn der junge Mensch ist vom Leben aufgerufen, in Beruf, Liebe, Freundschaft und Weltanschauung seine Wertwahl zu treffen, damit er allmählich ein einigermaßen klares Bild davon bekommt, was zukünftig für ihn gelten soll. Wenn der Pubertierende seine ersten Liebesfreuden und -leiden erlebt, stellt sich ihm die Frage, was in einer Liebesbeziehung vorzuziehen sei, Schönheit und Charme, Charakter und Zuverlässigkeit oder Intelligenz und Selbständigkeit? Die Frage wäre auch, wie sollen die Werte zueinanderstehen? Hierbei handelt es sich wohlbemerkt nicht um rationale Überlegungen, sondern um einen emotionalen Prozess, der mehr oder weniger bewusst abläuft.

Lieben und Hassen bilden die höchste Stufe des emotionalen Lebens. In Akten des Liebens und Hassens erfährt die Wertwelt eines Menschen eine Erweiterung bzw. Verengung. Die Liebe ist eine Entdeckerin von Werten. Im Akt der Liebe kommen bis dahin unbekannte Werte zur Erscheinung. Wenn wir einer sperrigen und unzugänglichen Person länger wohlwollend begegnen, wird sie sich wahrscheinlich öffnen, und wir können liebenswürdige Züge an ihr entdecken. Ein anderes Beispiel ist das Verhältnis zur Natur. Kinder leben und spielen in der Natur, ohne sie groß zu bemerken. Sie folgen ihrem Bewegungsdrang in Licht, Luft und Raum. Erwachsene entdecken mit dem Älterwerden oft Werte in der Natur: Schönheit, Ruhe und Erhabenheit. Das Aufleuchten neuer Werte ist immer der Ursprung einer neuen Wertbeziehung mit allen für das Leben sich ergebenden Konsequenzen. So wie liebende Akte den Werthorizont einer Person stetig erweitern, lassen hassende Akte ihn schrumpfen, denn Haß geht auf Vernichtung von Werten. Durch Akte des Vorziehens und Nachsetzens oder Liebens und Hassens schafft sich ein jeder eine ihm gemäße Wertrangordnung, die Scheler den „ordo amoris" nennt. Der *ordo amoris* ist das Kernstück einer Persönlichkeit, weshalb Scheler sagt: „Wer den *ordo amoris* eines Menschen hat, hat den Menschen" (Scheler zit. nach Mader 1980, S. 53).

4. „Der Mensch ist *Person*". Auch diese Konzeption ist von tragender Bedeutung. Das Theorem von der Person – genauer gesagt von der Geistperson – beinhaltet die differenzierte Beschreibung der geistigen Seite des Menschen. Personale Merkmale sind intentionale Akte wie Fühlen, Vorstellen, Urteilen, Wollen sowie die *Einheit* dieser Vollzüge. Die Einheit der Aktvollzüge können wir an Personen erleben, die geistig und emotional präsent sind, spontan reagieren können und angstfrei sind. Auch die Personen selbst erleben sich gelöst, offen und wach. Das Erlebnis der Einheit der Aktvollzüge ist ein großer Glücksfaktor; denn sie bedeutet Souveränität und Autonomie im Umgang mit Menschen und Dingen. Die Person ist Wertträger. Sie besitzt Tugendwerte und ist in ständigem Wachstum begriffen. Sie verwirklicht sich, indem sie wertvolle Güter in der sozialen, wissenschaftlichen, künstlerischen und philosophischen Sphäre schafft. Grundsätzlich hat jeder Mensch die Befähigung, Person zu werden. Sein personales Glück in geistigem und sittlichem Sinne wird aber davon abhängen, welche Werte er zu den Grundwerten seines Lebens macht. Wertfülle und Werthöhe geben hier den Ausschlag.

5. „Der Mensch als *Vital- und Geistwesen*". Die Geistanlage des Menschen gibt ihm die Möglichkeit, die existentielle Gebundenheit an das Organische zu überwinden. Sie gewährt einen Freiheitsspielraum. Als Vitalwesen wird der Mensch von seinen Trieben und Affekten beherrscht. So gedrängt stößt er auf die Wirklichkeit, die sich ihm im Widerstandserleben eröffnet. Als Geistwesen hat der Mensch die Chance, durch Erkenntnis und Vernunft zu seinen Drangsalen einen Abstand herzustellen.

„Der Mensch allein – sofern er Person ist, vermag sich über sich – als Lebewesen – emporzuschwingen ... So ist der Mensch als Geistwesen das sich selber als Lebewesen und der Welt überlegene Wesen. Als solches ist er auch der Ironie und des Humors fähig, die stets Erhebung über das Dasein einschließen." (Scheler zit. nach Mader 1980, S. 119)

Drang und Geist sind die beiden Pole des menschlichen Daseins, deren Verhältnis ein dynamisches ist. Ihr dynamischer Widerstreit ist konstitutives, d.h. grundlegendes Merkmal. Zum Wesen des Menschen gehört der stete Aufbruch, das Ewig-Unfertige, das Nie-zur-Ruhe-Kommende. Der Mensch ist ein Ewig-Werdender.

Das Wesen der Liebe

Welche Bedeutung haben die Schelerschen Grundpositionen für unsere Neurosenlehre und Psychotherapie?

Beginnen wir mit dem Akt der Liebe, in welchem der Mensch sein Ich überschreitet oder, um eine andere Metapher zu verwenden, eine Öffnung zu den Menschen und der Welt schafft. Öffnung und Liebe machen die innere Struktur aller positiven Gefühle aus. Gefühlshaltungen wie Vertrauen, Dankbarkeit, Mitgefühl, Ehrfurcht sind ohne Öffnung und Liebe nicht denkbar. Haben wir zu jemand Vertrauen oder Mitgefühl für ihn, öffnen wir uns. Fühlen wir bei Natur- oder Kunsterlebnissen Dankbarkeit und Ehrfurcht, erfahren wir angesichts der Objekte eine Weitung.

In der Psychotherapie haben wir es mit mehr oder weniger verschlossenen Menschen zu tun. Das äußert sich z.B. als Angst vor der Gruppe, als Misstrauen gegen den Therapeuten, als Überempfindlichkeit bei Deutungen, als spärliche Kommunikation usw. Wir sprechen dann von Widerstand. Ursprünglich verstand man darunter Widerstand gegen das Bewusstwerden aggressiver und sexueller Inhalte. Aus unserer Sicht richtet sich Widerstand vor allem gegen das Aufkommen verbindender Gefühle; denn haben wir positiv-verbindende Gefühle, werden wir unweigerlich in die Welt hineingezogen, und gerade das löst beim neurotischen Menschen Panik aus. Also muss man in der Therapie an den Widerständen arbeiten; denn in dem Maße, wie ein Mensch Widerstände hat, fehlt es ihm an Gefühlen.

So wie Liebe Öffnung ist, ist sie auch Beeindruckbarkeit. Liebende Menschen lassen sich von den einströmenden Weltinhalten prägen und formen. Staunen- und Bewundern-Können sind Spielarten der Beeindruckbarkeit. Liebe ist auch Bejahung. Die Gegenstände der Liebe erfahren ihre volle Daseinsberechtigung. Bejahung ist identisch mit Werterleben. Über das Fühlen vorhandener Werte hinaus will die Liebe noch mehr Wert zur Erscheinung bringen. Liebe ist wie die Frühlingssonne, sagt Scheler. Durch ihre stete Kraft lockt sie immer mehr Leben, Mannigfaltigkeit und Schönheit hervor.

Bei diesen Wesensbestimmungen wird auch die Nähe zu Platon und Freud sichtbar, die zum Thema Liebe und Eros Tiefgründiges geäußert haben. Platon sagt z.B. im Symposion, dass der Eros die alles vereinigende Macht im Kosmos und im Menschenleben sei. Eros überbrücke Gegensätze, füge Unzusammenhängendes zu einem Ganzen und gestalte Chaos zu sinnvoller Ordnung. Besonders schön ist folgende Bestimmung: „Eros ist ewige Jugend. Wer liebt, braucht das Altern und den Verfall seiner seelisch-geistigen Person nicht zu fürchten" (Platon 1979, S. 82).

Ähnlich definiert Freud den Eros in seiner dritten Trieblehre, die alles Psychische unter die beiden Grundkräfte Eros und Thanatos subsumiert. Eros stellt Verbindungen her, Thanatos will trennen, auflösen und vernichten. Auch wenn wir Individualpsychologen einen Todestrieb nicht gelten lassen, bleibt doch die Beobachtung gültig: Versiegen die Quellen der Liebe, bleiben neurotische Verstrickungen nicht aus. Erlahmt die lebendige Kraft des Eros, unterhöhlen Affekte und Krankheiten die Persönlichkeit. Verlässt einen Menschen die Liebe, ergreifen negative Gefühle aller Art seine Person. Neid und Eifersucht, Angst und Wut infiltrieren die gesamte leiblich-seelisch-geistige Organisation. Diese Gefühle sind Abkömmlinge des Thanatos. Ihre Kernstruktur ist Hass, der allen diesen Formen der Lebensverneinung und des zersetzenden Lebensgefühls zugrunde liegt.

Liebe in der Therapie

In der Psychotherapie besteht nun die Aufgabe, den Patienten die Liebe zu lehren, ihn aus seiner Verkapselung zu lösen und ihn für Mitmensch und Welt zu öffnen. Die Liebe zu lehren heißt, ihn Hingabe zu lehren. Das ist sehr schwierig; denn oft setzt der Patient der Intention des Therapeuten heftigen Widerstand entgegen. Der Grund muss darin gesucht werden, dass die Neurose trotz aller Einschränkungen und Ängste eine Schutzfunktion hat, die den Patienten vor der fundamentaleren Lebensangst bewahrt. Die Therapie muss deshalb darauf abzielen, die lebensgeschichtlich verankerten Ängste des Patienten zu bearbeiten. Sie muss ihn seine Symptome als Schutzfunktion verstehen lehren, weil diese ihn vor der größeren Angst, sich mit dem Leben einlassen zu müssen, bewahren.

Für die Überwindung der Widerstände kann und soll die Übertragungsliebe nutzbar gemacht werden. Freud verstand darunter das Wiederaufleben unbewusster, auf den Analytiker übertragener Kindheitsgefühle. Er unterschied aber bei der positiven Übertragung Liebesgefühle, die der Ich-Struktur des Patienten entstammen, von denen, die aus unbewussten Quellen kommen. Die oft lebhaften Liebes- und Sympathiegefühle, die ein Patient für seinen Analytiker entwickelt, weil er ihn als verstehenden und wohlwollenden Menschen kennenlernt, sind keinesfalls neurotisch. Sie sind Ausdruck seiner noch vorhandenen psychischen Gesundheit und bilden oft den stärksten Antrieb für die Mühen der Therapie.

Aber auch der Therapeut überträgt Gefühle. Beide Protagonisten des Therapievorganges wirken emotional aufeinander ein. Der Patient sucht Hilfe und ist dankbar, wenn er sie findet. Den Therapeuten erfüllt Befriedigung, wenn er die Hilfe geben kann. So ist es nicht erstaunlich, wenn sich die Beteiligten im

Laufe der Therapie mit Wertschätzung begegnen und mit Treue an der Beziehung festhalten. Sympathie, Vertrauen, Achtung und Treue sind die den therapeutischen Prozess tragenden Gefühlshaltungen. Deren innerste Struktur sind Liebe und Öffnung.

Wir verstehen, dass die Gefühlswelt der Therapeuten für den therapeutischen Prozess von außerordentlicher Bedeutung ist. Es ist erforderlich, dass er hinsichtlich seiner Gefühlshaltungen und seines Strebens eine gewisse Vorbildlichkeit aufweist. Aber Vorbild ist nur die „gute Person". Scheler sagt: „Nichts gibt es auf Erden gleichzeitig, was so ursprünglich und was so unmittelbar und was so notwendig eine Person selbst gut werden lässt, wie die einsichtige und adäquate bloße Anschauung einer guten Person in ihrer Güte. Dieses Verhältnis ist in puncto möglichen Gut-Werdens jeglichem anderen möglichen Verhältnis, aus dem solches entspringend gedacht werden kann, absolut überlegen" (Scheler 1980, S. 560).

So wird man von einem Therapeuten erwarten müssen, dass er sein eigenes Leben mit Ernst und Verantwortlichkeit führt, dass er sich mit Fragen des sozialen und gesellschaftlichen Lebens auseinandersetzt und seine Persönlichkeit durch wissenschaftliche Studien zu vervollkommnen sucht. Das setzt den Besitz bestimmter Gefühls- und Tugendhaltungen voraus. Es ist eine ethische Verpflichtung für den Therapeuten, seine Liebesfähigkeit soweit als möglich auszudehnen, damit er den sittlichen und intellektuellen Anforderungen der Therapie, die erheblich sind, standhält. Bei eingeschränkter Liebesfähigkeit kann der Therapeut kein Vorbild sein. Er vermag sein Gegenüber auch nicht richtig zu erkennen. Da er den Gefühlsreichtum oder die Gefühlsarmut des Analysanden nur mit den eigenen Gefühlen erkennen kann, kommt es sehr auf die Reife und die Ausprägung seiner Persönlichkeit an. Psychotherapie ist Existenzvermittlung und nicht nur Wissensvermittlung oder die Anwendung einer Technik. Psychotherapie ist ein Prozess der Wertvermittlung.

Werte und die Wertrangordnung

Aber was ist ein Wert und warum bedarf der Mensch der Werte? Der Wert ist das, was unsere Bejahung, unsere Liebe erweckt und den Gehalt von Personen und Gütern steigert. Werte sind leuchtende Ideale, verlockende Ziele, die dem Streben des Menschen Richtung geben. Als Mängelwesen bedarf der Mensch der Ergänzung. Als ein Werde-Sein hat er die Aufgabe, seine Person durch Wertwachstum zu steigern.

Das Reich der Werte liegt im Imaginären. Werte müssen, um in der Welt erscheinen zu können, in Dinge und Menschen eingearbeitet werden. Nur so entstehen Güter und Personen. Es besteht ein Streit unter den Philosophen, ob das ideale Reich der Werte objektiv besteht oder jeweils von den Menschen einer Epoche gesetzt wird. Scheler und Hartmann halten die Objektivität der Werte für gegeben, Sartre wäre ein Philosoph der anderen Position.

Man unterscheidet bei den Werten Nutzwerte und Eigenwerte. Nutzwerte haben alle Dinge, die wir gebrauchen und verbrauchen, z.B. Handwerkszeug oder Nahrungsgüter. Eigenwerte nehmen wir an Personen und Kunstwerken wahr. Wir erschauen durch die Physis hindurch die Tugendwerte einer Person, ihre Liebenswürdigkeit, Klugheit, Aufrichtigkeit usw. Alle Kulturgüter haben ebenfalls ihren Eigenwert. Der höchste Wert ist für Scheler die Person. Sie steht an der Spitze einer Wertpyramide.

Wie erkennt man nun Werte? Mit dem Gefühl, das ist richtig. Kann aber jeder Werte erkennen? Das muss verneint werden. Werterkenntnis setzt auch Wissen und Verstand voraus. Es darf sich aber nicht um beliebiges Wissen handeln, sondern muss „Bildungswissen" sein, das unter günstigen Bedingungen den Aufbau geistig-personaler Strukturen fördert und die Wertsicht vergrößert (Scheler zit. nach Mader 1980, S. 67). Es ist ein Fehler, Gefühl und Verstand als sich einander ausschließend zu betrachten, wie es in manchen Therapierichtungen heutzutage getan wird. Gefühle, wenn sie Werterkennen sind, sind mit Geist, Kenntnis und Verstand verwoben. Es ist ein Irrtum zu glauben, das Gefühlsleben könne gedeihen, sofern man Verstand und Bildung beiseite ließe. Umgekehrt, je klüger, gebildeter und geistig beweglicher ein Mensch ist, desto mehr Gefühle bewegen ihn.

Fühlen heißt nicht nur Werterkennen, sondern die Werte in einer Rangordnung erleben. Scheler hat eine Wertrangordnung aufgestellt, in der es vier Wertreihen gibt. Die Werte sind material, das heißt inhaltlich bestimmt. Und das ist nun das Besondere bei Scheler, dass die Werte nicht beliebig gefühlt werden, sondern nur in dazu geeigneten Gefühlen. Das soll veranschaulicht werden.

In der niedrigsten Wertreihe stehen die Werte „angenehm" und „unangenehm". Wir erleben sie in den sinnlichen Gefühlen. Angenehm sind die würzige Waldluft und das Meeresrauschen, unangenehm sind Brandgeruch und Verkehrslärm. Auch die Zustände unserer Organe erfahren wir durch sinnliche Gefühle, das Angenehme des Herzklopfens, wenn wir verliebt sind, und das Unangenehme des Magendrucks nach zu üppiger Mahlzeit.

In der zweiten Wertreihe sind es die Werte „edel“ und „gemein“. Wir erfahren sie in den Leib- und Lebensgefühlen. Edel ist das Lebensgefühl in der Jugend, im Bewusstsein physischer Schönheit, im Zustand von Kraft und Gesundheit. Das Gegenteil erleben wir bei Schwäche, Krankheit, Alter und Tod.

In der nächsthöheren Wertreihe haben wir es mit den geistigen Werten zu tun. Sie erscheinen in der unerschöpflichen Vielfalt der seelischen Gefühle. Besonders drei Wertpaare kommen hier zur Geltung. Da ist einmal das Wertpaar „schön-hässlich“, das den Bereich der ästhetischen Gefühle abdeckt. Dann finden wir das Wertpaar „recht“ und „unrecht“. Es erscheint in allen ethischen Gefühlen. Was wünschenswert ist und was sein soll, wird hier gefühlt – wie auch das Gegenteil, was besser nicht ist. Ein drittes Wertpaar mit den Werten „wahr“ und „unwahr“ wird in der philosophischen Wahrheitserkenntnis gefühlt.

Die höchste Wertrangstufe mit den Werten „heilig“ und „unheilig“ ist in den geistigen Gefühlen repräsentiert. „Heilig“ ist bei Scheler im Sinne von heil sein und ganz sein zu verstehen und meint die Person. Das Erlebnis des Heilseins macht die Person, wenn sie sich unter Menschen souverän bewegen kann, mit der Leichtigkeit und dem Mut des Könnens ihre Aufgaben bewältigt, eigenständige Entscheidungen treffen und danach handeln kann. Je weniger ihr die genannten Aktvollzüge gelingen, desto weniger heil ist die Person. Der vorpersonale Mensch ist ein Zerrissener.

Von Bedeutung ist die Frage nach den Glücksmöglichkeiten der Gefühle und wie man sie hervorlocken kann; denn das interessiert die Menschen seit jeher brennend. Sinnliche Gefühle bewegen sich auf der Skala von Lust und Unlust oder Schmerz. Das Lustempfinden kann durch Anwendung vielfältiger Reize gesteigert werden. Der erhöhte Konsum von leiblichen Genüssen und Vergnügungen aller Art weist aber weniger auf eine stärkere Empfindungsfähigkeit hin als auf einen Mangel an tieferen Gefühlen, der kompensiert werden muss.

In den nächsttieferen Gefühlsschichten, den vitalen Leib- und Lebensgefühlen sowie den seelischen Gefühlen erleben wir unser Glück und Unglück, unsere Freude und Trauer. Leib- und Lebensgefühle wie Behaglichkeit, Frische und Kraftgefühl können viel weniger leicht hervorgerufen werden. Sie hängen von der gesamten Lebensführung ab, wobei aber Vernunft und Umsicht in der Ernährung, Bewegung, Körperpflege und im Schlaf eine nicht unerhebliche Rolle spielen.

„Die seelischen Gefühle aber", sagt Scheler, „haften so innig an der jeweiligen ganzen Konstellation der Bewusstseinsinhalte eines Individuums, dass sie noch weit weniger einer willentlichen Lenkung unterworfen werden können" (Scheler 1980, S. 338 – 339). Das heißt, seelische Gefühle können nicht direkt angesteuert werden. Wer glücklich werden und Freude haben will, muss sich entschließen, ein besserer Mensch zu werden. Seelische Gefühlsfähigkeiten wie Hilfsbereitschaft oder Tüchtigkeit kann man nicht wollen; man muss sie erwerben, was immer ein langwieriger Prozess ist. Er setzt Selbsterkenntnis und Ausdauer voraus. Wer seine ganze Aktivität auf Mitmensch und Welt richtet, wird mit Glück und Freude belohnt. Scheler hat diesen Zusammenhang in folgendem Ausspruch festgehalten: „Gute Taten tragen das Glück auf dem Rücken."

Die geistigen Gefühle bilden die tiefste Schicht des emotionalen Lebens. Sie gewähren Seligkeit, Heiterkeit, Seelenfrieden und auf der negativen Seite Verzweiflung. Diese Gefühle strömen aus dem Quellpunkt der Person und durchdringen alle Erlebnisinhalte mit ihrem Licht oder Dunkel. Positive geistige Gefühle willkürlich hervorzulocken ist aussichtslos. Scheler sagt: „Jene aber geben sich ... als pure ‚Gnade', und so gewichtig sie als Quelle alles Verhaltens, auch des Wollens sind, so völlig unmöglich ist es, sie zu intendieren, oder gar ihr Sein oder Nichtsein sich als ‚Zweck' zu setzen" (Scheler 1980, S. 338 – 339). Aber auch die geistigen Gefühle tauchen nicht losgelöst von den gesamten Bewusstseinsinhalten auf. Positive geistige Gefühle können durch Not, Krankheit und Kummer verschwinden, wie sie auch am Ende von Erlebnisreihen auftauchen können. So vermag ein Mensch, der sich lange und hingegeben einer bedeutenden Aufgabe gewidmet hat, ein leises, aber tiefes Glück zu empfinden, das sein ganzes Sein durchstrahlt. Ähnliches hat Freud in seiner Schrift *Das Unbehagen in der Kultur* über die Befriedigung durch Sublimierungen ausgeführt (Freud 1930a, GW Bd. 14, S. 438).

Werte in der Psychotherapie

Die Psychotherapie, sofern sie sich als Gefühlstherapie versteht, hat es mit Werten und deren Rangverhältnissen zu tun. Menschen suchen zum Beispiel einen Psychotherapeuten auf, wenn sie in Wertkonflikten stecken, die sie allein nicht lösen können. Erwähnt sei eine junge Frau in anderen Umständen. Während sie das Kind sehr gern haben möchte, ist ihr Mann strikt dagegen. Ihr Konflikt besteht nun darin, ob sie den Wert Mutterschaft über den Wert Partnerschaft setzen sollte oder umgekehrt.

Die wichtigste Aufgabe in der Psychotherapie ist aber die Charakteranalyse und die Neurosentherapie. Sie besteht in einer Wertanalyse und einer Werterziehung; denn die Gefühlsdeformationen bei Charakterfehlern und die Gefühlskargheit in der Neurose sind Ausdruck eines verunglückten Wertentwurfs. Das soll, der materialen Wertrangordnung Schelers folgend, erläutert werden.

So begegnet man in der Therapie u.a. dem freundlich-rundlichen Typus, der einseitig auf die Werte des Angenehmen festgelegt ist. Seine oberste Maxime ist Lebensgenuss und Vergnügen. Man denkt dabei unwillkürlich an Falstaff, eine beliebte literarisch-musikalische Figur. Bei engherzig-egoistischen Charakteren muss oft eine betonte Ausrichtung auf Nützlichkeitswerte diagnostiziert werden. Sie betrachten alles unter dem Gesichtspunkt der Verwertbarkeit. Auch Beziehungen werden um des persönlichen Nutzens willen geführt. Maupassant hat in seinem Roman *Bel ami* den Typ des Emporkömmlings dargestellt, der die Frauen erobert und wieder ablegt, wenn sie ihren Zweck in seinem kalten Streben erfüllt haben.

Dann kommen Menschen in die Therapie, weil sie sich in der Hilfeleistung für andere total verausgabt haben und erkrankt sind. Sie haben die Werte des Edlen missachtet, die im Streben nach Gesundheit und Langlebigkeit zum Ausdruck kommen. Das erinnert an den Typus des ‚hilflosen Helfers' (Schmidbauer), der im sozialen Überengagement seine leibliche Basis unterhöhlt.

Vielfältig ist das Bild der psychischen Störungen, wenn die Werte des Schönen, Guten und Wahren nur bruchstückhaft oder einseitig verwirklicht sind. So führt es zu Exaltiertheit und Beziehungslosigkeit, wenn nur die ästhetischen Werte in der Kunst hochgehalten werden, die ethischen Werte des Rechten wie Toleranz, Mitleid oder Großzügigkeit aber fehlen. Wie fatal sich Kunstinteresse ohne Mitmenschlichkeit auswirkt, haben in erschreckender Weise die Nationalsozialisten vorgeführt.

Werden die kleinbürgerlichen Tugenden wie Ordnung, Sparsamkeit, Sauberkeit, Gehorsam und Bienenfleiß, die ja eigentlich nur Hilfstugenden sind, zu den tragenden Werten in der Lebensführung erhoben, haben wir es mit zwanghaften Menschen mit Untertanenmentalität zu tun, denen Personenwerte wie Selbstentfaltung, Liebe und Humor fremd sind.

Von tiefem Nihilismus oder Zynismus ist das Lebensgefühl bei jenen, denen die Werte der höchsten Wertstufe, die Werte des Heiligen fremd sind. Ihnen ist nichts heilig. Sie glauben weder an die Größe von Persönlichkeiten und deren Kulturleistungen – viele Menschen halten die Klassiker zum Beispiel heute für überholt und überflüssig – noch haben sie Ehrfurcht vor dem Leben, dem eigenen oder fremden oder vor der Natur. Der Mangel an Ehrfurcht und anderen Werten ist nicht etwa nur charakteristisch für die Kriminalität. Ein eklatanter Wertmangel ist auch Kennzeichen unserer ganzen heutigen Wirtschaftsideologie.

Da die vier Wertgruppen allesamt erstrebenswert sind, kommt es darauf an, den Analysanden für sie zu begeistern. Je mehr Werte er assimiliert, desto mehr Gefühle entwickelt er, was mit der Heilung seiner neurotischen Störungen parallel geht.

Da die Wertstufen in gewissem Sinn voneinander abhängig sind, ist es gleich, an welcher Wertstufe die therapeutische Arbeit ansetzt. Werden zum Beispiel vitale Werte ins Auge gefasst wie Ernährung, Bewegung und Schlaf, und bessert sich die Gesundheit des Analysanden, so wird er offener für soziale Werte wie Mitgefühl oder Fürsorge. Lernt ein Analysand den Wert Freude in seinem Leben zu schauen, wird es leichter sein, seine gedrosselte Sinnlichkeit zu befreien. Die Werte des Angenehmen, die Genuß und Vergnügen bereiten, kommen dann zu ihrem Recht.

Wer Initiative und Beharrlichkeit als Werte erkannt hat, wird auch den höheren Wert, das Wachsen der eigenen Person, als verlockendes Ziel sehen können. Oder wer sich für die Entfaltung seiner Persönlichkeit begeistert, wird auch den Wert der Gesundheit verwirklichen wollen, weil nur ein gesunder Leib die Person erhält. Wer neue Werte erfasst, dem ist der Weg zu weiteren Werten und Wertebenen gebahnt.

Charakteranalyse und Neurosentherapie gehen mit der sukzessiven Erweiterung des Werthorizontes Hand in Hand. Der gesunde Mensch wäre der, dessen Werterleben sich über alle Wertstufen erstreckt und dessen Gefühlsrepertoire von sinnlichen über vitale zu seelischen und geistigen Gefühlen reicht, also der vollumfänglich fühlende Mensch.

Dabei soll hinzugefügt werden, dass in den höheren Gefühlen die ganze Vielfalt des menschlichen Gefühlslebens liegt und dass sie die persönlicheren Gefühle mit der größeren Tiefe und Durchdringungskraft sind.

Die Person und ihre Gefühlsbeziehungen

Jeder Mensch ist eine „Person“, d.h. jedes Menschenkind bringt die Disposition mit auf die Welt, Person zu werden. Das gilt in der philosophischen Anthropologie als gesicherte Tatsache. Sofern die Person schon besteht, hat sie Gefühle und erkennt Werte. Person zu werden ist in der Philosophie Max Schelers der höchste Wert, der im Laufe eines individuellen Lebens verwirklicht werden soll. Im Kern der Person sind die Gefühlsakte, alle Erkenntnis- und Willensakte zu einer Einheit des Erlebens zusammengeschlossen. Man kann die Person als zweite selbstgeschaffene Existenz auffassen; denn die Person entsteht durch den Selbstaufbau des Ichs, durch Teilhabe an Werten, durch Können und Leistung, durch Liebe, Treue zur Sache und Kontinuität.

Die Person hat Gefühle. Das ist richtig. Der Tatbestand wäre aber noch genauer beschrieben, wenn man sagte: Eine Person zeichnet sich durch Haltungen und Tugenden aus. Gefühle haben etwas Flüchtiges. Sie kommen und gehen nach ihrem eigenen Rhythmus. Heute fühlt ein Mensch Begeisterung für ein humanistisches oder politisches Ziel. Aber morgen ist seine Stimmung flau und das Ziel verschwimmt im Nebel. Nietzsche hatte das Problem erkannt als er schrieb: „Nicht die Stärke, sondern die Dauer der hohen Empfindung macht die hohen Menschen“ (Nietzsche 1980, KSA, Bd. V, S. 86). Dauer und Kontinuität sind wesentliche Merkmale personaler Gefühle, seien diese nun stark oder sanft.

Die Person ist zu Gefühlsbeziehungen prädisponiert. Personale Beziehungen unterscheiden sich sehr von anderen Beziehungen. Bei ‚Trieb'-Beziehungen steht der Begierde-Aspekt im Vordergrund, z.B. bei ungezügeltem Essverhalten. Der Trieb ist dicht an den Objekten. Er will verschlingen. Bei Affekten wie Eifersucht oder Wut dominiert das Macht-Ohnmacht-Prinzip. Der Affekt verzerrt die Objekte und macht ihr Bild winzig oder riesengroß. Wieder andere Beziehungen figurieren unter dem Gesichtspunkt der Nützlichkeit. Hier, in der ausbeuterischen Beziehung ist das Objekt farblos. Ist ein Mensch aber Person, kann er das Objekt (Menschen oder Wertgegenstände) in Ruhe lassen und gelten lassen. Man kann den Wert eines Menschen nämlich nur sehen, wenn man ihn unangetastet lässt. So ist die Umwandlung der triebhaften, affektiven oder auf Eigennutz fixierten Existenz in eine personale die eigentliche Aufgabe in der Therapie. Psychotherapie ist Anleitung zur Gefühlsbeziehung.

So wie Abstandhalten und Ruhegeben wesentliche Merkmale personaler Beziehungen sind, so ist es andererseits auch die Nähe. Die Nähe des Gefühls kann als ein Suchen nach Intensität beschrieben werden. In der Psychotherapie entstehen Gefühle, wenn Nähe da ist, und nur in der Nähe intensiv-liebender Zuwendung kann man den Mitmenschen verstehen. Die „gleichschwebende Aufmerksamkeit“ ist wahrscheinlich der Begriff bei Freud, der den für die Heilung notwendigen Abstand zum Patienten meint, aber ebenso volle Aufnahmebereitschaft verlangt, wodurch Nähe entsteht (Freud 1912e, GW Bd. 8, S. 377f.).

Die Person hat eine ganzheitlich gefügte Wahrnehmungswelt. Sie vermag die Welt in ihrer unendlichen Differenziertheit und Fülle wahrzunehmen. Menschen auf vor-personaler Entwicklungsstufe, mit Minderwertigkeitskomplexen und neurotischem Geltungsstreben, haben vereinfachte Wahrnehmungswelten. Meist sind es nur Zerrbilder oder Bruchstücke der Welt, die ihren Selbstschutz garantieren und ihren Geltungsansprüchen Genüge tun. Erst für den gemeinschaftsfähigen Menschen ist die Voraussetzung für den Aufbau einer personalen Wahrnehmungswelt gegeben. Erst dann besteht ein offenes und lebendiges Verhältnis zur Welt, das ein ehrfürchtig-liebendes Weltverhältnis im Sinne von Scheler genannt werden kann. Eine Person schaut in erster Linie nicht auf die Unzulänglichkeiten der Mitmenschen, sondern auf das Wertvolle in ihnen, selbst wenn es erst in Andeutungen erkennbar ist. In diesem Sinn schreibt Rattner über den personenhaften Menschen: „In seiner Wahrnehmung werden die Gegenstände nicht verarmt zu Stenogrammen ihrer Erscheinung ..., sondern bereichert um den eigenen seelischen Reichtum, wie dies im Falle der Liebe sinnvoll ist. Nun ist wahrnehmen nicht mehr ein ‚Vergewaltigen', sondern ein Entfalten und Zu-Ende-Denken, ein Sich-Hingeben ohne sich preiszugeben" (Rattner 1986, S. 107).

Die Erfahrung in der Psychotherapie lehrt, dass die meisten Patienten nur eine schwache und hilflose Person aufweisen. Ihnen ist die Loslösung von der Familie nicht gelungen. Schuldgefühle, Ängste, Minderwertigkeitsgefühle und andere hinderliche Gefühle absorbieren ihre seelischen Kräfte, weshalb der Aufbau einer eigenen werthaften und gegliederten Welt unmöglich wurde. Die unzulängliche Personhaftigkeit ist der eigentliche Grund für alle psychopathologischen Erscheinungen. Deshalb geht es in der Psychotherapie weniger um Symptom-Beseitigung, als vielmehr darum, die Person des Patienten ins Leben zu heben.

Wie wird ein Patient Person? Er wird Person durch Liebe. Liebe, Zuwendung, Aufmerksamkeit und Geduld können seine Person hervorlocken. Die liebende Haltung des Therapeuten und dessen Können sind der Schlüssel zur Erkenntnis der Person des Patienten. Ohne Liebe ist Erkenntnis nicht möglich. Liebe und Erkenntnis sind die bewegenden Momente in der Psychotherapie. Versteht der Patient den an ihn gerichteten Aufruf, Person zu werden, und will er sein halb verschuldetes, halb unverschuldetes Gefängnis verlassen, entsteht auch seinerseits ein liebendes Verhältnis zum Therapeuten. Im Geöffnet-Sein der Liebe kommt ihm das Wertwesen von dessen Person zur Anschauung, und er wird sich an der Gemüts- und Gesinnungsstruktur des Therapeuten auf- und ausrichten. Solange das gegenseitig liebend-verstehende Verhältnis andauert, bleibt die Person lebendig. Mit der Kontinuität der Beziehung wächst die Tugendhaftigkeit des Analysanden und wird schließlich zum bleibenden Wertbestand seiner Person.

Entwicklung zur Person in Theorie und Psychotherapie bei Josef Rattner (mit einer Fallstudie)

Von Gert Janssen

Ein bedeutender Vertreter der Humanistischen Psychologie und Individualpsychologie ist der in Wien geborene und seit den 1960er Jahren in Berlin wirkende Arzt, Psychotherapeut und Autor Josef Rattner. In vielen seiner Bücher über Tiefenpsychologie, Pädagogik, Psychosomatik, Anthropologie und Kulturanalyse geht es um die Suche nach dem Wesen von Gesundheit als Maßstab und Zielvorstellung in der Psychotherapie. In der Tradition von William Stern, Max Scheler und Nicolai Hartmann hat er ein Konzept der Personalität entwickelt, wonach Menschen am gesündesten leben, wenn sie sich bemühen, Person zu werden. Person oder die Persönlichkeit bezeichnet den Menschen als Mitmenschen und als sittlich handelndes Wesen. Sie ist nicht mit dem Ich identisch, eher eine Synthese von Leib, Geist und Seele. Nun entwickelt sich der Mensch nicht ohne eigenes Zutun zur Person. Er hat lediglich die Disposition, Personalität zu entwickeln. Als erster Freigelassener der Natur (Herder) bringt die Instinktentbundenheit des Menschen es mit sich, dass er sich seinen Weg selbst suchen muss. Er ist nicht nur Geschöpf, sondern auch Schöpfer seiner selbst.

> Der psychophysische Organismus wird dem Menschen von der Natur sozusagen geschenkt; die Person muss durch Umwelt und Kultur stimuliert und durch Eigentätigkeit aktiviert werden. Sie baut sich auf im Laufe des Lebens durch wertorientierte Handlungen und produktive

> menschliche Beziehungen. Phänomenologen wie Alexander Pfänder sprechen von einer „Selbstauszeugung der Person". (Rattner 1999, S.23)

Damit sich beim Einzelnen die Persönlichkeit entfalten kann, müssen günstige Bedingungen des Daseins gegeben sein. Als bloß vorhandene Disposition ist die Entwicklung zur Person nicht geradlinig. Schwierige Lebensumstände wie Krankheit oder Not können das Persönlichkeitsniveau herabmindern. Es muss immer wieder neu erobert und bekräftigt werden.

Dieser Aufgabe kommt das von Adler festgestellte Streben des Menschen entgegen, unter allen Bedingungen seinen Selbstwert zu erhöhen. Das kann der Einzelne durch die Bewältigung der Lebensaufgaben Arbeit, Liebe und Gemeinschaft erreichen. Um Person zu werden, gilt es nach Rattner, darüber hinaus vier weitere miteinander verflochtene Lebensaufgaben zu erfüllen: den Leib zu beseelen, das Ich zum Wir zu erweitern und die Seele zu „begeisten". Parallel oder quer zu den genannten Anforderungen verläuft das Selbstwertstreben als weitere Lebensaufgabe.

Den Leib beseelen

Bei der „Beseelung des Leibes" geht es um die meist durch Erziehung und Kultur hervorgerufene Aufspaltung zwischen dem Leib und der nicht mit ihm identischen seelischen Instanz, dem Ich, und die Überwindung dieser Dichotomie. Das „Ich hat eine gewisse Eigenwüchsigkeit" und kann daher „den Leib manipulieren, bewerten, kritisieren und – verneinen" (Rattner 1997, S. 40). Letztere Haltung kann in der Kindheit bei autoritärer, liebloser und vor allem leibfeindlicher Erziehung entstehen. Ein vom Leib getrenntes Ich entbehrt vieler Glücks- und Lustmöglichkeiten. An ihre Stelle treten Angst und Einsamkeit, da zur Trennung vom Leib die Trennung von den Mitmenschen und der Welt hinzutritt.

> Das Ich sitzt sozusagen verkrampft oberhalb des Leibes und sehnt sich danach, in ihn einzutauchen ... Davor aber steht die Barriere einer gewaltigen Untergangs- und Hingabeangst. Das stört im Dasein sowohl die Sexualität, das Walten der Gefühle, die Hingabe an Arbeit und Geselligkeit, an das Leibsein überhaupt und an die menschliche Kreatürlichkeit. (Rattner 1997, S. 41)

Im weiteren Verlauf der Entwicklung baut sich darauf eine reaktive Charakterstruktur auf, mit der die Spaltung von Leib und Ich zementiert wird. Es fehlen Eros und Gefühle, die Leib und Seele einigen können.

> Mit demselben unbegründeten Stolz, mit dem das kranke Ich auf den Leib und alles Sinnliche herabblickt, wendet es sich gegen seine Mitmenschen. Es kann und will ihnen nicht nahekommen, weil es sich vor ihnen ängstigt und sie auch abwertet. Aber nur in der Nähe zum Du und Wir kann das Ich von seinem Leib Besitz ergreifen. (Rattner 1997, S. 42)

Gelingt es nicht in Psychotherapie und Selbsterziehung, den Riss zwischen Leib und Seele zu schließen, so kann die innere Zerrissenheit bis ans Lebensende andauern. Wenn dagegen Leib und Seele annähernd harmonieren, entsteht ein mit sich selbst identischer Mensch, dem eine gewisse Anmut eigen ist. Ein wichtiger Schritt zur Ganzheit der Person, in der Leib, Seele und Geist wechselseitig aufeinander abgestimmt und gewissermaßen von einer Melodie durchflossen sind, ist dann getan.

Vom Ich zum Wir

Die Person kann nur in der Ich-Du-Beziehung leben. Sie ist der tragende Boden für das Sein und Wirken des Ichs. Eine weitere subjektive Lebensaufgabe besteht daher nach Rattner darin, das Ich zum größtmöglichen Wir zu erweitern. Die Entfaltung des menschlichen Wesens beginnt mit der Mutter-Kind-Dyade, dem Ur-Wir. Qualität und Fortdauer dieser Dyade entscheiden über die Entwicklung des Kindes. Irgendwann kommt es notwendigerweise zu einem „Wir-Bruch", das Kind sieht sich auf sich selbst zurückgeworfen und entdeckt seine Individualität. Fortan hängt sein weiteres Gedeihen davon ab, ob es einen Ausgleich zwischen Formen der Wir-Bildung und der Selbstbehauptung herstellen kann. Bei zu wenig Selbstbewahrung geht der Mensch im Konformismus auf, bei zu starker Selbstdurchsetzung kommen andere zu Schaden. Eine Synthese gelingt nicht leicht; denn „Wir-Bildung als eine Vereinigung von Menschen unter dem Aspekt der Freiheit, Gleichwertigkeit und Gleichberechtigung ist hochkompliziert" (Rattner 1997, S. 45).

Schon die Beziehung der Eltern zum Kind kann dessen Selbstwerdung behindern, wenn die Eltern die Familie nach außen hin abschotten. Ähnlich ungünstig können sich Angst, Kontaktscheu oder Machtgier in anderen menschlichen Gruppierungen auswirken. Für die Personwerdung ist es aber wesentlich,

„sich in wachsendem Maße für die Welt zu öffnen und mit ihr zu verschmelzen". (Rattner 1997, S. 46)

Die Psychotherapie hat hier eine gute Chance: Der Therapeut und die therapeutische Gruppe können durch Beziehungsaufnahme zum Analysanden nachholen und ergänzen, was die Eltern versäumt haben, vorausgesetzt dass der Patient sich dem therapeutischen Einfluss öffnet. Durch Verständnis, Liebe und soziale Geschicklichkeit kann man sehr gute Bedingungen für die Ich-Entfaltung schaffen. Für Rattner ist die Gruppentherapie der Einzel-Psychotherapie weit überlegen. Da die Teilnehmer der Gruppentherapie mit der Zeit zu Co-Therapeuten werden, ergeben sich vielfältige Beziehungsmöglichkeiten ohne das Autoritätsgefälle, das mit der traditionellen Therapeut-Analysanden-Beziehung verbunden ist und sich oft als Lernhindernis erweist.

> Je mehr Menschen der Analysand mit Sympathie in sein Gefühl aufnimmt – und das soll er in der Gruppe dauernd üben – umso eher kann er reifen und an innerem Gewicht zunehmen. Die Persönlichkeit ist immer nur so groß wie ihr zwischenmenschliches Beziehungsfeld. (Rattner 2000, S. 211)

Über konkrete Gemeinschaftsbildungen hinaus kann es weiterführen, auf ein ideales „Wir" hinzustreben, das in Kunst, Wissenschaft und Philosophie gegeben ist. Das ideale Wir-Gefühl umgreift auch die „außermenschliche Lebenswelt und sogar den Kosmos". Mit einem solchen Gemeinschaftsgedanken sind Massenbildungen aber nicht vereinbar. Lebensspendend ist das Wir nur dann, wenn sich die damit verbundenen Individuen frei entwickeln können.

> Das Hineinwachsen in größere Gemeinschaften ist also durchaus mit einem vernünftigen und maßvollen Individualismus verträglich. (Rattner 1997, S. 47)

Die Seele „begeisten"

Die Frage ist nun, ob eine Verbesserung der Beziehungsfähigkeit für die Entwicklung zur Person ausreicht oder ob diese nicht auch „vom Geiste her" neue Impulse und Anstöße erfahren muss. Denn ohne Verstärkung der geistigen Funktion ist und bleibt der Mensch ein Opfer seiner Gewöhnungen. Nur wenn diese innere Führungsfunktion in Kraft tritt, entstehen Freiheitsgrade, die einer Umgewöhnung zugute kommen. (Rattner 2006b, S.17)

Rattner sieht demzufolge eine weitere subjektive Lebensaufgabe für den Menschen, der Person werden will, in der Entfaltung von Geist. Damit meint er nichts Überirdisch-Religiöses, sondern eine menschliche Lebensfunktion, die zu ihrem Recht kommen muss. Im Unterschied zur Seele, die jedermann für sich allein besitzt, ist der Geist intersubjektiv, er gehört der ganzen Menschheit, allerdings nur denen, die ihn zu erfassen vermögen. (Hartmann 1933, S. 71, 396) „Leib und Seele bekommt der Mensch von der Natur; den Geist muss er sich selbst erobern.“ (Rattner 1997, S. 43)

Der Ursprung der geistigen Entwicklung liegt in der frühen Mutter-Kind-Beziehung. In dem Bemühen um Verständigung mit ihrem Kind legt die Mutter als jemand, der Geist hat, zunächst nonverbal durch Gefühle und dann durch Worte das Fundament für seine geistige Entfaltung. Darauf bauen Gesellschaft und Kultur mit ihrem Erziehungswerk auf. Sie bieten dem heranwachsenden Geist die Möglichkeit, sich durch Lernen in Schulen und Universitäten am objektiven Geist emporzuranken. (N. Hartmann 1933, S. 221 f.) Dabei sind Sprache und Schrift von grundlegender Bedeutung. Die Sprache ist nach Adler eine Brücke, die die Menschen miteinander verbindet. Nach Rattner ist die Sprache das Lebenselement des Geistes und damit die Basis aller Kulturleistungen. „Sprechend und sprachverstehend wächst das Kind in die allgemeine Kultur hinein und wird so zum ‚Geistwesen‘.“ (Rattner 1997, S. 43)

Dafür muss der Einzelne unendlich viele Lernprozesse absolvieren. Das ist mühsam und deshalb selten. Die Eroberung des Geistes erfordert eine Mischung von Aktivität und Passivität, von Mut und Demut, von Expansion und Sich-führen-Lassen, von Geduld und Ausdauer. Menschen mit zu viel Eitelkeit, Trotz, Hingabeschwäche oder Sturheit werden wegen der darin zum Ausdruck kommenden Verschlossenheit kaum einen Weg in die geistige Welt finden. Prädestiniert sind dafür vielmehr Menschen mit verbindenden Gefühlen wie Liebe, Freude, Mitleid, Wohlwollen, Solidarität usw.; denn diese Gefühle sind Abwandlungen des Eros und Eros und Geist hängen zusammen. Ein liebloser Mensch kann zwar Intellekt entwickeln, aber nicht geistig werden. Ihm fehlt die Öffnung für die Welt der Werte und der Ideen.

Das bedeutet für die Psychotherapie: wenn der Patient ein Stück weit aus seinen Hemmungen und Ängsten herausgewachsen und aus seiner zurückgezogenen privatistischen Existenz befreit ist, soll er anfangen, sein Bildungsmanko auszugleichen und sich mit der geistigen Überlieferung und dem Zeitgeist auseinanderzusetzen, damit er „einen Standort in der schaffenden und strebenden Menschheit einnehmen kann“. (Rattner 2000, S. 214)

Es ist ein Kennzeichen von Rattners Auffassung von Psychotherapie, dass die Behandlung von weltanschaulichen Themen in die seelenärztliche Behandlung hineingehört. Die Weltanschauung drückt deutlich die Gesinnung und Haltung des Patienten im Leben und in der Kultur aus. Nur wenn in diesem Bereich Wandlungen zustande kommen, können Charakteranomalien bzw. Neurosen überwunden werden. Rattner sieht sich hier in der Tradition von Sigmund Freud, der vom Therapeuten verlangte, er solle für den Patienten Aufklärer, Lehrer und Künder einer freien Weltanschauung sein. (Freud 1895d, GW Bd. 1, S. 253; Rattner 1994a, S. 54)

Deshalb betrachtet Rattner es als Aufgabe nicht nur der Psychologie, sondern auch einer integralen Medizin, den Menschen physisch, psychisch und geistig zu behandeln. „Man muss die Vernunft heilen, wenn man das Seelische in Ordnung bringen will“ (Rattner 2015, S. 86, 87).

Nach Selbstwert streben

Um die beschriebenen subjektiven Lebensaufgaben sowie diejenigen, die Adler benannt hat, zu realisieren, bedarf der Einzelne einer Haltung, die Rattner als Achse und Rückgrat der Psyche beschreibt; er bedarf des Selbstwertstrebens. Schon Wilhelm Dilthey sah im Seelenleben „eine Tendenz zur Steigerung des Selbst, ein Streben nach Erfüllung mit Gefühls- und Gedankeninhalten, nach Entfaltung der Kräfte, Fähigkeiten und Triebe“ (Dilthey 1894, zitiert nach Kaminski 2014, S. 315 Fußn. 267). Auch Friedrich Nietzsche und Alfred Adler stellten fest: Jeder Mensch, wer immer er sei, ist darum bemüht, seinen Selbstwert möglichst hoch anzusetzen. Adler hat dieses Streben zurückgeführt auf das Minderwertigkeitsgefühl, das der Mensch mit aller Macht zu kompensieren versucht. Im Anschluss an Adler unterstützt Rattner „die Idee einer natürlichen Perfektionsneigung im Menschen“. (Rattner 2006a, S.12) In den Partialtrieben von Freuds Psychoanalyse und den Antrieben, die nach Schultz-Hencke im Menschen wirksam sind, steckt immer schon der Gedanke der Wert-Realisation. Entfaltete Triebe und Antriebe sind Werttendenzen, die auf Selbstwert und Wertverwirklichung gerichtet sind. Es ist die Lernfähigkeit, die dem Menschen die Möglichkeit gibt, seinen Selbstwert zu erhöhen bzw. sich selbst zu vervollkommnen.

Erziehung und Umwelt können dieses Bemühen in sozial und kulturell wertvolle Bahnen lenken. Wer eine fördernde Pädagogik erfahren hat, die eine emotionale Bildung und die Formung eines humanen Gewissens beinhaltet, wird eher einen konstruktiven Weg zur Selbststeigerung finden, als solche, die sich aufgrund einer misslungenen Sozialisierung unvorbereitet auf das Leben und klein fühlen. Letztere sehen oft keine andere Lösung, um ihr Selbstgefühl zu erhöhen, als die Lebensaufgaben als zu schwierig hinzustellen, andere zu entwerten oder für eigene Fehlschläge verantwortlich zu machen. Auf dem Boden solcher Selbsttäuschungen bzw. Lebenslügen kann aber kein tragfähiges Selbstwertgefühl entstehen.

Werte und Ideale als Motoren der Psyche

Das Selbstwertgefühl kann nicht direkt angestrebt werden. Es entsteht immer nur indirekt, wenn man sich mit aller Kraft für eine wertvolle Aufgabe einsetzt. Um erstrebenswerte Ziele zu erkennen, ist es daher notwendig, „sein Sensorium für Kultur- und Daseinswerte zu schulen."

> Der erkannte Wert mobilisiert Kraft und Bereitschaft, ihn zu verwirklichen. Und erst im Lichte der Wertvermehrung der Welt empfinden wir uns selbst als „Wertträger". (Rattner 1997, S. 48, 49)

Das ist eine für die Psychotherapie bedeutende Erkenntnis. Die hauptsächlichen Bewegungskräfte im Seelenleben sind nach M. Scheler und N. Hartmann Ideen, Ideale und Werte. Sie sind die Motoren der Psyche, während biologische bzw. biologisch-psychologische Triebe und Antriebe eher sekundär dafür in Betracht kommen. (Rattner 2005, S. 13) Nur dem Menschen ist dieser Blick für ideale Werte eigen. Nun setzt Werterkenntnis Kenntnis, Wissen und Verstand voraus. Gemeint ist nicht ein beliebiges Wissen, sondern „Bildungswissen", das unter günstigen Bedingungen den Aufbau geistig-personaler Strukturen fördert und die Wertsicht vergrößert. Die Entwicklung von Lebenswissen und Personalität ist demnach auf einen intensiven Kontakt mit dem übergeordneten Geistesleben, d.h. mit Kunst, Wissenschaft und Philosophie, angewiesen.

Zwischen den Werten besteht eine Rangordnung: es gibt niedere, höhere und höchste Werte. Niedere Werte sind Selbsterhaltung und Selbstdurchsetzung, Macht, Reichtum und Verfügungsgewalt über Menschen und Dinge. Höhere Werte sind Gesundheit, Heiterkeit und Kommunikationsfähigkeit. Darüber steht als höchster Wert die Person in ihrer Authentizität, Souveränität und Eigenmacht. Anders als in der Neurose und Psychose sind nur bei ihr Fühlen, Denken und Wollen zu einem Ganzen geworden. Ein ins Gewicht fallendes Können ermöglicht ihr ein souveränes Handeln. Sie ist ihrer selbst mächtig im Sinne von Affektfreiheit und Selbstbeherrschung. Schließlich lebt sie in einer heiter gelassenen Stimmung.

Legt man diese Wertehierarchie der Psychotherapie zugrunde, so bedeutet das, dass sie sich nicht mit einer Fokussierung auf die niederen Werte der Sicherheit, Angstvermeidung und Selbsterhaltung begnügen kann, sondern eine Erweiterung des Wertehorizonts im Sinne einer Befreiung von personalen Engen und Einseitigkeiten und Ausrichtung auf die Person als höchsten Wert anstreben muss. Ferner muss sie eine Weiterverfolgung dieses Zieles in der fortgesetzten Selbstanalyse des Patienten anbahnen. Dann erst entspricht sie einem Gesundheitsbegriff, der die höchsten Motivationen im Menschen einbezieht.

> Wir wollen aus einem Patienten einen Mitmenschen, aus einem Objekt und Empfänger des Kulturprozesses ein Subjekt der Kultur und einen Kulturproduzenten machen. Persönlichkeitsbildung und Kultur-Schöpfertum ist das erste und letzte Wort unserer therapeutischen Weltanschauung. (Rattner 2000, S. 216)

Fallgeschichte „Stephan"

Um ein anschauliches Beispiel einer personalen Entwicklung zu geben, sollen im folgenden Ausschnitte aus dem Verlauf einer längeren Psychotherapie gebracht werden. Der Patient Stephan, ein juristischer Referendar von 28 Jahren, leidet unter einer ausgeprägten Beziehungsstörung, die sich sowohl im persönlichen wie beruflichen Bereich zeigt. Er erzählt selbst:

> *Frühe Kindheit, Elternhaus*: Ich bin aufgewachsen als jüngster Sohn neben einem acht Jahre älteren Bruder und einer fünf Jahre älteren Schwester in einer alteingesessenen Familie aus Bonn. Beide Eltern stammten aus angesehenen Familien. Sie brachten aus ihrem Elternhaus eine konservativ-katholische Weltanschauung mit und achteten darauf, Umgang mit den „höheren" Kreisen der Stadt zu pflegen.
>
> Im Familienleben dominierte meine Mutter. Der Vater machte auf uns Kinder eher einen schwachen, überforderten Eindruck und hatte wenig Einfluss auf das Familienleben. Er litt unter Asthma und dem vielen Ärger in einem ungeliebten Beruf als Kaufmann und später Prokurist, denn eigentlich galt seine tiefe Neigung der Musik. Er war ein Meister im

Klavierspiel und wäre am liebsten Pianist geworden. Davon war ihm jedoch abgeraten worden. So trat er nach einer kaufmännischen Ausbildung in die Firma seines Schwagers ein. Meine Mutter, von eher nüchterner Wesensart, befürwortete dies sehr. Auch als sich zeigte, dass er in dieser Tätigkeit nicht reüssierte, trieb sie ihn dennoch an, um eine höhere Position zu kämpfen. Als das gerade erreicht war, starb er unerwartet im Alter von 54 Jahren. Ich war zu der Zeit 15 Jahre alt. So wenig mein Vater als Erzieher in Erscheinung trat, so sehr überzeugte er mich in seinem Klavierspiel. Meine Liebe zur klassischen Musik hat da ihren Ursprung.

Kampf zwischen Mutter und Bruder: Oft war die Atmosphäre im Hause angespannt, denn zwischen meiner Mutter und dem älteren Bruder gab es ständig Auseinandersetzungen. Mein Bruder war äußerst expansiv, sehr selbständig und nahm wenig Rücksicht auf die Wünsche meiner Mutter. Gleichzeitig konnte er sehr viel Charme entwickeln, wenn er andere für sich gewinnen wollte. Meine Mutter ließ sich davon nicht beeindrucken. Voller Angst und innerer Aufregung erlebte ich diese Szenen. Da ich zu jung war, um sie zu verstehen und einen eigenen Standpunkt zu haben, fürchtete ich, durch Parteinahme entweder die Liebe meiner Mutter oder die Anerkennung meines Bruders zu verlieren. Als einzigen Ausweg aus diesem Dilemma sah ich nur die Möglichkeit, mich völlig zurückzuhalten. Das half mir über die schwierigsten Situationen hinweg. Aber so verhielt ich mich auch außerhalb der Familie. Da Expansion, so folgerte ich, nur zu schweren Konflikten mit anderen führt, übte ich mich überall da, wo Mitsprechen und Anteilnahme am Platz gewesen wären, in Zurückhaltung und Neutralität. Mein passives Verhalten wurde von meiner Mutter als „ruhig" und „besonnen" gelobt. Sie zeigte öfter ihre Freude, dass ich auf diese Weise nach meinem Vater geriet, den sie gerade wegen seiner sanften, nachgiebigen Art besonders schätzte.

Meine Mutter achtete sehr auf gutes Benehmen. Wenn es aber nicht nach ihrem Willen ging, wurde sie laut und autoritär. Dagegen fehlten Verständnis und Mitgefühl für die Nöte der Familienmitglieder. Das Leben sollte sich so abspielen, wie es ihren Vorstellungen entsprach. Auf spontane Aktionen der Kinder konnte sie sich nur schwer einstellen. Ich kann mich gut an Lustlosigkeit und Langeweile erinnern. Allerdings wurde ich auch als Jüngster und Gegenstück zu meinem Bruder verwöhnt. So wurde meine Schwester eine ständige Hilfe bei Dingen, die ich selbst hätte tun können, z.B. Schuhe schnüren oder später Schulaufgaben machen. Von meinem Bruder fühlte ich mich dagegen meistens überrollt. So kämpferisch er gegenüber der Mutter war, so suggestiv konnte er mir und meiner Schwester gegenüber auftreten, wenn es darum ging, ihm einen Gefallen zu tun oder etwa ein Komplott gegen die Eltern zu schmieden. Alle Wenn und Aber, die man ihm entgegenhielt, schob er beredt beiseite und überschüttete uns mit einer Fülle von Argumenten, gegen die wir machtlos waren. Ich stand meistens nur da und ließ seinen Redestrom über mich ergehen.

Hemmungen in der Schule und im Sozialkontakt: In der Schule hatte ich von Anfang an Schwierigkeiten. Die Angst, vom Lehrer aufgerufen zu werden, das Gefragte nicht zu wissen und blamiert zu sein, begleitete mich vom 1. Schuljahr bis zum Abitur. Ich saß meist in der letzten Reihe, möglichst gebückt hinter meinem Vordermann, um nicht aufgerufen zu werden. In den Zeugnissen stand stets: „Nicht rege genug!“ Das Anfertigen der Hausaufgaben war für mich eine Plage. Da ich nur widerstrebend daran ging, benötigte ich fast meine gesamte Freizeit. Ich schaffte es trotzdem ohne größere Probleme bis zum Abitur. Aber anstelle eines Erfolgsgefühls überwogen Gefühle der Anstrengung und Mühsal.

Da ich zu viel Zeit für die Schulaufgaben sowie für ungeliebten Geigen-Unterricht benötigte, blieb nicht viel Zeit für das Spiel mit anderen Kindern. Den Umgang mit Kindern auf der Straße hatte die Mutter verboten. Ich ging aber gern zu meinen Vettern und Cousinen aus der großen Verwandtschaft, war jedoch auch dort nur ein stiller Mitspieler. In der Klasse hielt ich mich eher abseits von den Mitschülern. Ich hatte aber immer zumindest einen Klassenkameraden, den ich gewissermaßen als Helfer in Anspruch nahm, wenn ich Schulaufgaben vergessen hatte oder mir etwas unklar war.

Religion als hemmender Faktor: Die Eltern waren praktizierende Katholiken, der allsonntägliche Kirchgang gehörte von frühester Kindheit an zu den Selbstverständlichkeiten. So war auch alles Sexuelle tabu. Eine Aufklärung hat es nie gegeben. Als ich neun war, begann der Beichtunterricht. Erschreckend wirkten die sogenannten Todsünden, von diesen vor allem die, die durch „unkeusche Werke an mir selbst“ begangen wird.

Als ich mit etwa zwölf Jahren die Onanie entdeckte, wusste ich sofort, dass das die verbotene Handlung war, die ich beichten musste. Die Onanie wurde für mich zu einem permanenten Anlass von Selbstvorwürfen. Ich war manchmal sehr verzweifelt darüber, dass ich so wenig Selbstbeherrschung hatte.

Da ich nicht zu mir selbst stehen konnte, hatte ich auch keinen Mut, Beziehungen zu Mädchen anzuknüpfen. Meine Schüchternheit war groß, sodass selbst der konventionelle Umgang mühsam war. Solche Dinge wie Tanzstunden oder gesellschaftliche Veranstaltungen mit „Damen" jagten mir ziemliche Angst ein. Das Tanzen selbst machte mir Freude, aber die spontane Kommunikation war ein Gräuel, denn der Kopf war leer.

Berufswahl und Studium: Vor dem Abitur wurde die Frage der Berufswahl immer drängender. Ich interessierte mich zwar sehr für Technik und wäre auch gerne Diplom-Ingenieur geworden. Aber Mathematik, das bedeutendste Fach im Ingenieur-Studium, war eins meiner schwächsten Fächer. Meine Mutter plädierte verständlicherweise für ein juristisches Studium, da ihr Vater bis ins hohe Alter ein erfolgreicher und respektierter Anwalt war. So kam es, dass ich Jura studierte.

An der Universität fühlte ich mich anfangs sehr isoliert. Meine Familie riet, in eine katholische Studentenverbindung einzutreten, was ich auch tat. Trotz der sich bietenden geselligen Veranstaltungen blieben meine Kontakte begrenzt. Besonders die Aufnahme von Beziehungen zu Frauen, die ich ersehnte, blieb problematisch. Entweder traf ich auf sehr katholische Mädchen, die ähnlich gehemmt waren wie ich oder auf zugänglichere Frauen, vor denen ich aber zurückschreckte. Eine zärtlich-sexuelle Begegnung vor der Verheiratung scheute ich.

Die Kontakte zu Jura-Studenten in der Verbindung ermöglichten mir jedoch eine ausreichende Examensvorbereitung. So lernte ich, mit anderen juristische Fälle zu diskutieren. Außerdem beteiligte ich mich an einer Arbeitsgemeinschaft. Hier lernte ich für den Juristenberuf dringend notwendiges Reden, Vortragen von Fällen und Abgabe von Voten. Dadurch gelang es mir, mit 25 Jahren das 1. jur. Staatsexamen zu bestehen. Danach war mein Selbstvertrauen so gewachsen, dass ich mir sogar eine Dissertation zutraute, die ich mit großem Arbeitsaufwand, aber doch innerhalb eines Jahres abschloss.

Von den Lebensproblemen zur Psychotherapie: In diesen Jahren nahm meine Isolierung immer mehr zu. Ich war nach Berlin übergesiedelt, um dem goldenen Käfig des Elternhauses zu entfliehen. Neue Freunde oder Freundinnen hatte ich in Berlin nicht gewinnen können. In meiner Sehnsucht nach einer erotisch-sexuellen Beziehung kam ich nicht weiter. Hinderlich war auch die religiös bedingte Auffassung, dass der Sexualakt erst nach der Heirat erlaubt sei. Meinen Kollegen stand ich zunehmend misstrauisch gegenüber und vermutete überall Zeichen der Ablehnung. Meine Schlafstörungen, die ich seit meinem 8. Lebensjahr kannte, sowie Erkältungen und Gastritiden nahmen stark zu. Ständige Grübeleien über das Misslingen der Beziehungen zu meinen Mitmenschen erschwerten die Vorbereitung auf das 2. jur. Staatsexamen enorm.

Eine fast unüberwindliche Hürde war schon die Hausarbeit. Erst beim dritten Versuch konnte ich sie abschließen. Dennoch war ich überzeugt, dass sie misslungen war. Im Geiste sah ich mich schon durchs Examen fallen. Eine große Rolle spielte dabei, dass ich keine klare Vorstellung von meiner beruflichen Zukunft hatte. Die infrage kommenden Tätigkeiten, Rechtsanwalt oder Richter, traute ich mir, wenn ich ehrlich war, nicht zu. Es war mir klar, dass derartige Ängste und Kontaktschwierigkeiten die Ursache für das Scheitern bei der Hausarbeit waren. Ich sah keinen anderen Ausweg, als mich in psychotherapeutische Behandlung zu begeben. Durch mehrere Empfehlungen gelangte ich schließlich zu Josef Rattner und der von ihm geleiteten Großgruppentherapie.

Personale Entwicklung in der Psychotherapie: Der Schwerpunkt lag dort zunächst auf dem Abbau von Misstrauen und Angst. Beides hatte bei mir zu einer fast paranoiden Kombinatorik geführt. Zu viele Äußerungen oder Gesten meiner Bezugspersonen bezog ich auf mich. Nichts schien bedeutungslos zu sein. Rattner forderte mich auf, mein Menschenbild von ihm und den Gruppenmitgliedern korrigieren zu lassen.

Hier ein Auszug aus unseren Gesprächen:

Rattner: Ihr Hauptproblem ist Ihre Kombinatorik. Zuviel Tüftelei. Die Irene redet zum Beispiel etwas von Verführung, und Sie beziehen das sofort auf sich. Sie müssen sich damit vertraut machen, dass die Menschen auch einmal etwas ohne Bezug auf Sie reden. Sie sind kein Verführer, kein Vergewaltiger. Sie sind eher der gute Kamerad, und Sie haben sich auch korrekt verhalten. Oder wenn die Gaby sagt, dass man zu seiner Wahl stehen muss, dann wird das bei Ihnen zur fixen Idee. Vorderhand haben Sie noch niemanden gewählt. Es geht Sie also auch nichts an. Welche Unruhe in Ihnen steckt! Der Angstzustand ist sehr groß. Immer hören Sie etwas, was unbedingt auf Sie gemünzt sein soll.

Stephan: Ja.

Rattner: Das schlägt jedenfalls alles große Wellen bei Ihnen. Und da wollen Sie ruhig in die Prüfung gehen? Stellen Sie sich vor, der Vorsitzende sagt irgendein Wort zu Ihnen ...

Stephan: Nein, das geht ganz gut. Wenn ich einem Menschen zum ersten Mal begegne, habe ich zunächst einmal Vertrauen zu ihm. Erst beim zweiten oder dritten Mal wird die Sache schwierig. Ich weiß dann, dass die anderen bestimmte Eindrücke von mir haben. Vorher müssen sie mich akzeptieren, wie man eben jeden Unbekannten akzeptiert, und deshalb ist die erste zwischenmenschliche Kontaktnahme für mich kein Problem. Beim Referendarexamen ging es auch gut.

Rattner: Aber dann bei der zweiten Sitzung und bei der dritten ...

Stephan: Dann geht es los.

Rattner: Man findet eben immer etwas, wenn man nur genügend sucht. Irgendeinen Anhaltspunkt für Misstrauen kann man immer finden. Warum hat der mich so begrüßt und der so? Warum hat der zuerst den anderen und dann mich angeguckt? Es gibt halt immer etwas, was man sich zurechtdeuten kann. Das raubt Ihnen jede Unbefangenheit. Da kann man nicht mehr logisch denken oder ruhig arbeiten, wenn man solche Gedanken wälzt.

Stephan: Ja.

Rattner: Eine blühende Phantasie haben Sie, und zwar immer pessimistisch gefärbt. Es scheint so, dass Sie sich in Ihrer Entwicklung auf Distanz zu den Menschen eingerichtet haben. Aber um wirklich leben zu können, brauchen Sie Nähe. Und jedes Mal wenn Nähe aufkommt, stellt sich bei Ihnen viel Angst ein, und die erzeugt den Rückzug. Darum habe ich gemeint, Sie sollten mit Helga eine nicht zu nahe Beziehung aufbauen. Es ist im Augenblick eine zu große Belastung für Sie. Im Moment ist Ihr Denken und Fühlen auf Abstand eingerichtet.

Stephan: Es ist nur sehr schwierig, da herauszukommen.

Rattner: Sie müssen wirklich anfangen, zu Ihren Denkvorgängen Distanz einzunehmen. Was Sie alles kombinieren! Es hört sich beinahe so an, als ob eine ganze Welt gegen Sie angetreten wäre. In Wirklichkeit sind die Menschen viel harmloser. In der Gruppe können Sie Ihr Menschenbild gut korrigieren. Sie haben in der Kindheit einen Standpunkt erworben, der nichts in der Welt bedeutungslos sein lassen kann. Ihre Meinung ist: Alles um mich herum ist auf mich bezogen.

Stephan: Vielleicht wollte ich es in der Kindheit nicht wahrhaben, dass nicht ich, das jüngste Kind, sondern mein Bruder im Mittelpunkt der Familie stand. Ich bin dann darangegangen, mir eine Mittelpunktstellung zurecht zu phantasieren. Kann das sein?

Rattner: Jawohl, das kann sehr gut sein. Denn hinter Ihren phantastischen Gedanken steht ein Mittelpunktanspruch. Sie glauben, der Mittelpunkt der Welt zu sein, aber Sie sind es nicht.

Stephan (lachend): Leider bin ich's nicht.

Rattner (lacht ebenfalls): Ich bin's auch nicht. Aber je mehr Sie sich dessen bewusst sind, umso mehr wird eine Riesenlast von Ihnen abfallen. Denn die Aufrechterhaltung eines solchen Systems ist eine Riesenanstrengung. Jeden Augenblick müssen Sie sich absichern. So kommen Sie nie zum wirklichen Leben. Wissen Sie, dass der Hase nie richtig schläft? Meistens hat er offene Augen. Er kann sich nie richtig ausruhen. So muss man sich auch Ihre Grundhaltung vorstellen.

Stephan: Das kann ich gut nachvollziehen.

Rattner: Und dann müssen Sie ja noch in Kürze Ihr Staatsexamen absolvieren. Aber beides ist einfach zu viel. Das Staatsexamen und Ihre fixen Ideen: das lässt sich nicht unter einen Hut bringen. Eines sollten Sie ausschalten.

Soweit der Gesprächsauszug.

Hinzu kam die therapeutische Arbeit in der Gruppentherapie, die für mich völlig neue Perspektiven eröffnete. In der – bis dahin für mich maßgebenden – Alltagswelt präsentieren sich die Menschen mit ihrer respektablen Außenseite, aber ihre Schwächen, Niederlagen und Befürchtungen behalten sie für sich. In der Gruppentherapie kamen nun aber gerade diese Seiten zur Sprache. Ich lernte viele Menschen sozusagen von innen kennen und erfuhr, dass auch sie mit zwischenmenschlichen Problemen zu kämpfen hatten. Und mir war klar, dass das nicht nur für die Teilnehmer der Gruppentherapie galt, sondern dass die große Gruppe – etwa 50 Menschen – ein Spiegel der Gesellschaft unserer Zeit war. Ich stand also nicht mehr isoliert in einer feindlich erlebten Welt, sondern war einer von vielen Menschen mit Beziehungsschwierigkeiten. Parallel dazu erlebte ich in der Einzeltherapie einen kameradschaftlichen Menschen, der mir in einer verständlichen Sprache meine Irritation begreiflich machen und den Weg aus diesem Dilemma zeigen konnte.

Abbau von Hemmungen und neuer Lebensmut: Durch die Kombination von Einzel- und Gruppentherapie wurden etwaige Fehlschlüsse wegen der Kontakte in der Gruppe oder außerhalb ständig aufgearbeitet. Ich brauchte beim Zusammentreffen mit anderen Menschen nicht mehr so auf der Hut zu sein und gewann an Lockerheit. Ganz allmählich gelang es mir, mein Misstrauen einzudämmen und intensivere Beziehungen aufzubauen.

Alles zusammen stabilisierte mich soweit, dass ich nach einem halben Jahr das zweite Staatsexamen fortsetzen konnte und die notwendigen Prüfungsklausuren schrieb. Da sie wie die Hausarbeit nur mäßige Noten brachten, war das Ergebnis der mündlichen Prüfung für das Bestehen des Staatsexamens ausschlaggebend. Die Gruppenmitglieder waren über meine Situation informiert. Sie sprachen viel mit mir, simulierten Prüfungsgespräche und halfen mir über resignatorische Stimmungen hinweg. Drei Monate später bestand ich die mündliche Prüfung und damit das zweite juristische Staatsexamen.

Entschluss zur Weiterentwicklung: Mir war klar, dass es sich hier nur um einen punktuellen Erfolg handelte, der unter Anspannung aller Kräfte zustande gekommen war, und dass es noch einiger Fortschritte in meiner Selbsterkenntnis und Menschenkenntnis bedurfte, wenn ich mich dauerhaft zu einer innerlich freien Person entwickeln wollte. Ich wollte verstehen, wieso ich trotz „guter“ Erziehung von wohlmeinenden Eltern in solche Schwierigkeiten in puncto Expansion und Selbstbehauptung geraten konnte, und ich wollte alles tun, um Schüchternheit und Hemmungen nachhaltig zu überwinden. Fortschritte in dieser Hinsicht brachte folgendes Votum des Therapeuten:

> Was ist der Sinn dieser Hemmungen? Wenn wir Sinn sagen, dann heißt das: Das Kind macht das selbst. Bedingt durch die Umwelt baut es sich etwas auf. Und wir meinen, dass alles, was der Mensch tut, einen Zweck hat. Er will sein Ich erhöhen. Jeder von uns arbeitet darauf hin, eine Selbstachtung zu bekommen, die das Beste ist, was er zustande bringen kann. Das Ich will wertvoll sein. Es will einen Wert verwirklichen, und es baut sich seinen Charakter nach seinen Wertvorstellungen. Sogar die Hemmungen entsprechen einem Wert, aber welchem? Man kann sich

> das etwa so denken. Das Kind erlebt die expansive Mutter, die viel und laut redet, und vor allem den sehr expansiven, kämpferischen Bruder. Einesteils bewundert der Knabe das. Andererseits gibt es wegen ihnen dauernd Spannungen und Auseinandersetzungen in der Familie. Daneben hat er den sanften, abwartenden Vater, der sich bemüht, die Wünsche der Mutter zu erfüllen. Und nun kommt die Frage, wo das Kind wählen kann. Mutter und Bruder zeigen scheinbar, dass Expansivität Konflikte schafft. Das ist mir ein Gräuel, das kann und will ich nicht. Aber so wie der Vater werden, das ist im Bereich dessen, was ich kann. Und so geschieht eine Wertantinomie, eine Wertgegensätzlichkeit. Die Starken, die Lauten, die Mächtigen – das ist nicht das Gute, das ist nicht das Richtige. Die richtigen Werte sind: klein sein, verhalten sein, nicht expansiv sein, dulden und leiden. Wir können das einfühlen, dass ein Kind solch eine Konzeption baut, und dann geschieht folgendes: Dann bleibt nicht nur die Hilflosigkeit, die er empfunden hat, sondern die Hilflosigkeit wird glorifiziert. Es ist sogar besser, wenn man nicht laut ist. Es ist sogar besser, wenn man nicht expansiv ist. Das sind die Lärmigen, die Robusten, die wenig Zarten. Da muss in der Psyche so etwas entstanden sein wie die *Umwertung aller Werte*. Lieber klein bleiben, lieber still bleiben, lieber sich nicht auflehnen. Das zeigt, dass nicht die Ohnmacht des Kindes allein für das spätere Leben wichtig ist, sondern das wird durch falsche Wertvorstellungen sozusagen hart verankert im Leben. Es geht dann nicht mehr weg. Wenn das stimmt, sehen wir später die ganze Lebenslinie auf dieser Entwicklung. In der Schule auch wieder den Wettbewerb meiden, wieder zurückhaltend sein. Und zu Hause muss auch gar nicht so viel von Religion die Rede sein. Wenn die Schule und die Kultur dann die Religion anbietet, greift ein solches Menschenkind gierig danach. Das liegt in der Luft dieser Kultur. Die Religion hat dieselben Maßstäbe, nämlich die masochistischen, und dann bekommt man noch eine Glorifikation für all diese Maßstäbe, die dem Leben im Grunde gar nicht angemessen ist.

Der Berufsanfang mit dem ungewohnten Acht-Stunden-Tag und täglich neuen Fragen der juristischen Praxis zunächst bei einem Rechtsanwalt und bald danach bei einer großen Bundesbehörde brachte eine enorme Belastung mit sich. Erst nach einigen Jahren ergab sich durch eine Umsetzung innerhalb der Behörde eine Verbesserung, sodass ich mich neben dem Beruf wieder mehr der persönlichen Weiterentwicklung widmen konnte. Ich nahm Sprechunterricht, verstärkte meine Mitarbeit in Therapiegesprächen und übernahm schließlich mit anderen die Leitung einer Kleingruppe. Die Voraussetzungen dafür hatte ich durch eine psychologische Ausbildung im Arbeitskreis erworben.

Heilung durch den Geist: Rattner legte Wert darauf, dass seine Patienten neben der Einzel- und Gruppentherapie auch seine Vorträge und eine wöchentliche Theoriestunde besuchten. In unzähligen Stellungnahmen wurden wir von ihm in gut verständlicher Weise an lebensrelevante Themen aus Tiefenpsychologie, Literatur, Politik, Geschichte und Philosophie herangeführt, aber auch aufgefordert, uns durch Selbststudium Kenntnisse zu erarbeiten. Das Bildungsanliegen war aber kein Selbstzweck und folgte keinem fragwürdigen Bildungsbegriff. Dahinter stand seine philosophisch-anthropologische Auffassung, dass wir Menschen eine biologische, eine seelische und *eine geistige Seite* haben, die sich gegenseitig durchdringen und bedingen und die in der Psychotherapie gleichermaßen gefördert werden müssen, dass aber die geistige Seite die wahrhaft menschlichste ist und das größte Differenzierungsvermögen besitzt.

Viele der Themen, vor allem weltanschauliche wie etwa „Marx und Nietzsche“, führten mich in eine völlig neue Welt. Da Rattner klar, anschaulich und überzeugend reden konnte, hörte ich ihm mit Interesse und einer gewissen Faszination zu. Meine Haltung zum Weltgeschehen und Geistesleben war zu dieser Zeit jedoch durch die Erziehung im konservativ-autoritären Elternhaus geprägt. Im meinem Hinterkopf meldete sich daher einiges, was ich früher gehört und ungeprüft vorläufig übernommen hatte. Bei aller Sympathie für Rattner gab es daher auf diesem Gebiet zunächst eine gewisse Reserve.

Rattner: Was gibt es bei Ihnen?

Stephan: Eigentlich fühle ich mich ganz gut. Am Wochenende hatte ich mich wieder mal etwas zurückgezogen, aber am Montag traf ich mit einigen Leuten zusammen. Wir haben ausführlich über die letzte Theoriestunde gesprochen.

Rattner: Wie haben Sie diesmal die Theoriesitzung vertragen? Haben Sie es milder gefunden, oder litten Sie wieder Qualen?

Stephan: Mich verwundert es, dass Sie so viele Sitzungen für das Thema Religion ansetzen. Ich glaube nicht, dass sich jemand in dem Maße dafür interessiert.

Rattner: Für Religion? Waren denn mehrere in der Runde, die sich in Ihrem Sinne geäußert haben?

Stephan: Nein, es wurden keine Stimmen laut. Nur mich selber wundert es. Für andere Themen haben Sie doch höchstens drei Sitzungen angesetzt. Für die Religionsthematik sind es nun schon fünf.

Rattner: Der Religion kommt eben als negativer Faktor in der Persönlichkeitsentwicklung große Bedeutung zu.

Stephan: Ich habe mehr das Gefühl, dass die Theoriesitzungen eine starke ideologische Schulung sind. Mit Psychotherapie hat das doch wenig zu tun.

Rattner: Nein! Da gibt es noch einen kleinen Unterschied zu beachten. Bei uns kann jeder zu Wort kommen. Sowohl der Religiöse als auch der Atheist. Das ist für die Bildung eines Menschen von größter Tragweite. Sie wurden dreißig Jahre lang sehr religiös beeinflusst. Wie viel Zeit haben Sie aber der Gegenposition gewidmet?

Stephan: Eigentlich war meine religiöse Haltung nur äußerlich. Innerlich war ich ihr gegenüber ziemlich distanziert.

Rattner: Aber man hat Sie mit religiösen Inhalten vollgepfropft, man hat Ihnen die Religion suggestiv nahegelegt.

Stephan: Bei den Katholiken spricht man zum Beispiel von der intellektuellen Konversion. Das heißt, dass man sich irgendwann einmal in vollem Bewusstsein mit der Welt auseinandersetzt und sich dann zum Glauben hinwendet. Das habe ich nie getan. Wie gesagt, ich habe die Religion nur äußerlich vollzogen. Innerlich habe ich mir meinen Teil gedacht.

Rattner: Sie übersehen dabei, dass die Religion schon in Ihnen war, bevor Sie zu denken vermochten. Jeder Gedankengang von Ihnen ist imprägniert von Religion. Sie sind ja ein sehr empfänglicher und sensibler Mensch. Und da Sie schon in frühester Kindheit mit der Religion in Berührung kamen, wird sie einen großen Eindruck auf Sie gemacht haben. Ich bin dafür, dass Sie nun auch einmal lernen, sich mit der atheistischen Position zu beschäftigen. Das ist der Sinn dieser Sitzungen. Jeder kann so gläubig bleiben, wie er will. Nur denken soll er lernen! Von Kindheit an bekommt man ein paar Gedanken eingehämmert, aber der Prozess des Denkens, diese mutige, kühne Suche nach neuen Horizonten, dieses Ins-Neuland-Aufbrechen, das erlebt man nicht. Es wäre also wichtig für Sie, wenn Sie in Gegensätzen denken lernen. Keine ideologische Indoktrination, sondern freie Gedankenwahl, das ist das Entscheidende.

Stephan: Ich habe bei alledem nur den Eindruck, dass diese Art des Denkens vor allem links programmiert ist. Auch muss ich sagen, dass die Theoriediskussion sehr emotional und wenig sachlich abläuft. Sachliche Stellungnahmen kommen nur von Ihnen oder einigen wenigen, die sich mit der Materie schon beschäftigt haben. Eine sachliche Äußerung kam zum Beispiel von Reinhold. Er sagte, die Religion stellt zwar gute Postulate auf, sie nimmt dem Menschen aber gleichzeitig die Möglichkeit, sie zu verwirklichen, indem sie an die Stelle von mitmenschlichen Beziehungen die Beziehung zu Gott setzt. Und das ist ja eine reine Phantasiebeziehung. Das, meine ich, sollten wir näher untersuchen.

Rattner: Wie zum Beispiel?

Stephan: Indem wir Material zusammentragen und nachlesen.

Rattner: Wir sollten überhaupt viel mehr über dieses Gebiet lesen. Zum Beispiel das Buch *Das Elend des Christentums* von J. Kahl. Es ist in historischer Hinsicht sehr interessant. Man kann ihm entnehmen, was die Gottgläubigen in der Geschichte alles angestellt haben. Wie sie gehaust haben, wie mörderisch sie sich benommen haben.

Stephan: In diesem Buch steht auf der ersten Seite ein Zitat von Marx: „Die Kritik der Religion ist die Voraussetzung aller Kritik."

Rattner: Das ist die Meinung aller modernen Philosophen. Wenn wir diese Einstellung in unseren Diskussionen nicht berücksichtigen, wird unser Denken enorm statisch bleiben. Die absolute Freiheit des Denkens ist nur möglich, wenn man nicht im statischen Denken verhaftet bleibt. Wenn man im Denken flexibel ist, erlebt man auch keinen Schreck, wenn mal eine Gegenposition auftaucht. Ich meine, dass das bei Ihnen so ist.

Stephan: Ich sehe das anders. Ich habe meinen Standpunkt in der religiösen Frage und möchte mich nicht von einer anderen Meinung beeinflussen lassen.

Rattner: Aber Ihr Standpunkt ist Ihnen in frühester Kindheit eingehämmert worden. Nun sind Sie angeschmiedet. Sie fliegen nicht in Ihren Gedanken. Sie sind vielmehr immer in Abwehr. Prüfen Sie lieber ganz unbefangen, was in der Theoriesitzung vorgetragen wird. Sie werden unter anderem dabei feststellen, dass die Religiösen sehr hitzig debattieren. Zum Überlegen und Nachdenken sind sie kaum geeignet. Das Denken ist eine ernste, mutige Arbeit. Und dann gehört auch das Informationensammeln dazu. Meistens gingen Sie doch mit Hemmungen und Angst durch die Welt. Wissen Sie, dass Sie das an der Informationssammlung sehr gehindert hat? Ihre Gedanken waren doch weniger darauf ausgerichtet, Philosophie und Sozialkritik zu lernen. Sie waren doch ständig damit beschäftigt, Ihr Berufsziel zu erreichen und mit den Menschen halbwegs auszukommen.

Stephan: Das stimmt schon. Ich habe aber auch Schwierigkeiten, den Inhalt eines Buches zu behalten. Ich lese zwar, aber dann vergesse ich auch wieder sehr schnell.

Rattner: Weil Sie so wenig Mut zum Denken haben. Die persönliche Hemmung, die Angst vor dem Leben und der ständige Autoritätsdruck, unter dem Sie gestanden haben, nehmen Ihnen den Mut, der zum freien Denken benötigt wird.

Stephan: Ich kann Ihnen wieder nur zustimmen. Trotzdem habe ich bei alledem das Gefühl, dass es Ihnen bei den Theoriesitzungen mehr darum geht, einen Kader als Grundstock für irgendeinen Sozialismus zu schaffen. Die Therapie steht dann erst an zweiter Stelle.

Rattner: Nein, das ist nicht so. Es ist mir ernste therapeutische Arbeit. Sie sollen geistig frei werden, und zwar zu Ihrem Weg, nicht zu meinem. Bisher sind Sie noch keinen Weg gegangen. Die Therapie spielt sich nicht nur darin ab, dass wir hier über Sexualität, die Beziehung zu Frauen und über allgemeine Kontaktaufnahme sprechen. Das ist zu wenig. Sie sollen ein freier Mensch werden, der alle Standpunkte kennt und dann wählen kann. Den Standpunkt des Marxismus müssen Sie genauso gut kennen wie den der Atheisten. Sie sind vielleicht weniger religiös als andere, aber in Ihrem Denken liegt doch viel Übernommenes und Ungeprüftes. Außerdem würde ich Ihnen raten, mehr zu lesen. Da gibt es ein Buch von einem gewissen Karl Heinz Deschner. Es ist ein Bekannter von mir. Es heißt *Abermals krähte der Hahn.* Der Autor sammelte mit Akribie, was die Kirche in der Geschichte alles angestellt hat. Das Buch hat 600 Seiten. Davon sind 100 Seiten Literaturhinweise. Er ist ein militanter Gegner der Kirche, aber er ist allgemein anerkannt.

Stephan: Sie betonen immer die negativen Aspekte der Religion. Ich denke, dass die Kirche auch sehr viel Positives getan hat. Das ist doch nicht einfach wegzuwischen.

Rattner: Informieren Sie sich nur richtig. Denken Sie nur an die unendliche Zahl der Hexenprozesse. Millionen Frauen wurden von der Kirche ermordet. Die Inquisitoren haben es sicher auch gut gemeint, die konnten nichts dafür. Sie waren einfach krank. Sie sahen in jeder zweiten Frau eine Hexe. Wenn sie schön war, wenn sie alt war, wenn in ihrer Nähe Menschen krank wurden, wenn die Ernte verdorben war oder wenn sie von anderen Gefolterten angezeigt wurde. Meistens haben ja die Gefolterten in ihrem Schmerz irgendjemanden genannt, der dann auch entsprechend behandelt wurde. Wie kommt es aber zu solch einer Krankheit? Wie Sie wissen, ist die Kirche eine Mönchskirche. Und Mönche müssen ihre Triebe unterdrücken, und daraus kann unter anderem Hass auf die Frauen entstehen. In jeder Religion können Sie das beobachten. Wenn sich das Dogma erst einmal festsetzt, geht der Mensch zugrunde.

Stephan: Das stimmt schon.

Rattner: Wir müssen eben alle geistig regsamer werden. Man sagt gewöhnlich, dass in der Pubertät im jungen Menschen eine Art philosophische Leidenschaft entsteht. Das gibt es manchmal, dass jemand mit fünfzehn oder achtzehn Jahren ein kleiner Philosoph ist. Die Betreffenden suchen und philosophieren dann noch ganz kindlich. Sie wissen ja noch nicht viel. Aber aus einer inneren Gärung heraus versuchen sie, ihre Gedanken zu formulieren. Haben Sie diese Art von Pubertät mitgemacht?

Stephan: Nein.

Rattner: Und wissen Sie auch, warum? Sie waren zu geängstigt, zu brav. Sie haben jetzt die Chance, das nachzuholen. In der Pubertät verliert sich das Philosophieren meist wieder, weil der junge Mensch keine Führung bekommt. Nach zwei, drei Jahren merkt er, dass er nicht genug versteht, und gibt es wieder auf. Wenn er aber Führung bekommt, bleibt er auf dieser Spur, und sein ganzes Leben wird zum Denkprozess. Er gibt das Denken nie wieder auf und hat immer das Gefühl, zu neuen Horizonten zu schreiten. Immer gibt es für ihn Neuland, und die Pubertät, das heißt die Entwicklungsjahre hören nicht mehr auf.

Stephan: Ich kann mich erinnern, dass ich mich in einer bestimmten Zeit mehr für Philosophie und Geschichte interessiert habe. Wir hatten damals einen guten Deutschlehrer. Der schrieb mit uns sogenannte Besinnungsaufsätze. Themen waren zum Beispiel: Natur, Kultur, Arbeitsteilung, historische Entwicklung und so weiter. Im Rahmen dieser Themen habe ich auch einiges gelesen. Ich hielt mich aber eher an christliches Material, zum Beispiel *Herders Bildungsbuch* oder ähnliches. Vor einiger Zeit bin ich auf Camus gestoßen: *Der Mythos von Sisyphos.* Es war sehr schwierig. Ich habe dann nach Büchern gegriffen, die sich wiederum mit Camus auseinandersetzen oder auch mit anderen

Philosophen. Solche Bücher sind aber oft weltanschaulich geprägt, und da greife ich eher nach den christlich-orientierten.

Rattner: Bei Ihnen verbindet sich tatsächlich zweierlei. Sie sind ja im tiefsten Innern ein sehr ängstlicher Mensch, und zwar besonders dann, wenn Sie expandieren sollen. Damit hatten wir in den letzten Monaten ja genügend zu ringen. Und demjenigen, der Angst vor der Expansion hat, dem ist es am gemütlichsten, wenn alles so bleibt, wie es ist. Man hat dann am wenigsten Lebensangst. Dann muss natürlich auch Ihre konservative Erziehung berücksichtigt werden. Damit Sie eine wirklich freie, unbefangene Persönlichkeit werden, dürfen wir also nicht nur Ihre Angst behandeln, wir müssen uns auch mit Ihrem Konservatismus beschäftigen. Nicht, um Sie zu einer neuen Partei zu führen, sondern um Sie im Denken souverän zu machen. Sie sollen Freude an der Bewegung des Denkens bekommen, Freude am Disput – das schwebt mir vor!

Stephan: Zu Hause wurde immer behauptet, dass ich bequem und denkfaul sei.

Rattner: Das ist eine sehr moralisierende Bezeichnung, die wir nicht akzeptieren können.

Stephan: Manchmal stoße ich auch auf Bücher, die mich wirklich interessieren. Ich fange mit dem Lesen an, doch dann kommt irgendetwas dazwischen, und die Bücher liegen monatelang herum.

Rattner: Man hat Ihnen in der Kindheit die Flügel gestutzt. Nun müssen sie erst wieder wachsen. Durch die Drosselung Ihrer Gesamtpersönlichkeit haben Sie den Großteil Ihrer Kraft dazu verwenden müssen, mit den Menschen halbwegs auszukommen. Auch heute ist das noch ein Problem. Da Sie so gehemmt und gedrosselt wurden, bleibt nicht mehr viel für die weltanschauliche Auseinandersetzung übrig. So etwas braucht sehr viel Mut und Kühnheit. Wenn man die Frage stellt, ob die Religion nicht ein Phantom ist, bekommen viele Menschen sofort Angst. Vielleicht ist die Religion tatsächlich nur Aberglaube und Kindermärchen. Fangen Sie nur an, das was in der Pubertät versäumt wurde, bei uns nachzuholen. Die Psychotherapie hat die Aufgabe, den Menschen in den Vollbesitz seiner Kräfte zu bringen. Man soll wirklich autonom in sich ruhen und eine zur Konfrontation fähige Persönlichkeit werden. Wenn wir das erreichen wollen, bleiben uns aber die weltanschaulichen Auseinandersetzungen nicht erspart. Lernen Sie, Freude daran zu haben. Es ist ein großes Glücksgefühl, zu neuen Horizonten aufzubrechen und alte Vorurteile abzulegen. Descartes hat den radikalen Zweifel in die Philosophie eingeführt. Der radikale

Zweifel soll der Erkenntnis vorangehen. Diesen Mut, den sollten Sie sich erarbeiten.

Stephan: Dann werde ich mich mal ans Lesen machen.

Rattner: Ja. Und nicht erschrecken, wenn man mal auf eine Gegenmeinung stößt. Man muss auch davor Respekt haben, dass andere Menschen anders denken als wir. Und stellen Sie sich darauf ein, in Ihrem Leben weiterzumarschieren und das Leben nicht als Status quo, sondern als Abenteuer zu erleben. Können Sie sich das vorstellen?

Stephan: Bis jetzt noch nicht.

Rattner: Gleichwohl. Probieren Sie es nur.

Soweit das protokollierte Gespräch.

Weltanschauliche Umorientierung und geistige Aktivität: Diese Sitzung wirkte sehr in mir nach. Ich nahm den Appell des Therapeuten sehr ernst und las Bücher, die sich kritisch mit der christlichen Weltanschauung auseinander setzten, z. B, *Das Elend des Christentums* von J. Kahl, *Die Kapitulation* von C. Améry, *Die Zukunft des Unglaubens* von G. Szczesny und den Briefwechsel zwischen F. Heer und G. Szczesny. Durch die Besprechung einer Diplomarbeit im Arbeitskreis erfuhr ich von der Religionskritik Feuerbachs. Sein Gedanke, dass Gott eine Projektion des hilflosen, kleinmütigen Menschen darstellt, weil Gott all die Eigenschaften in höchster Vollendung in sich vereinigt – allmächtig, allwissend und allgütig –, die der Mensch schmerzlich bei sich vermisst, prägte sich tief bei mir ein. Rückschauend auf mein persönliches Leben nahm ich der Kirche immer mehr übel, dass sie mich durch das Verbot der Onanie als Todsünde grundlos für viele Jahre in einen Strudel von Selbstvorwürfen und Verzweiflung hineingezogen hatte, der meiner Persönlichkeitsentwicklung schweren Schaden zugefügt hatte. Parallel zu diesen Gedanken erlebte ich mit immer mehr innerer Beteiligung die vom zutiefst humanistischen Geist geprägte therapeutische Arbeit im Berliner Arbeitskreis. Gleichzeitig mit meinem Entschluss, an dieser Arbeit direkt am Menschen selbst mitzuwirken, fiel meine Entscheidung, sich von der Kirche und Religion, die den Mitmenschen nur als Weg zu Gott sieht, loszusagen. Es dauerte noch vier Jahre, bis ich aus der Kirche austrat.

Wenige Zeit nach dem zweiten Staatsexamen hatte ich eine Beziehung mit Claudia begonnen, die ebenfalls im therapeutischen Arbeitskreis mitarbeitete.

Sie entwickelte sich zu einer richtigen Partnerschaft. Ich erlebte Claudia als sehr ausgeglichen. Manchmal war sie sehr lebendig, dann aber auch wieder ruhig. Sie erzählte gerne, konnte aber auch gut zuhören. Ich hatte keine Angst, von ihr überrollt zu werden. Günstig für die Partnerschaft war unser gemeinsames Interesse für die Tiefenpsychologie, sie war und ist Anlass für unendliche Gespräche. Auch in der Sexualität verstanden wir uns nach einiger Zeit gut.

Die geistige Entwicklung ging voran. Ich schrieb Beiträge für die Zeitschrift des Arbeitskreises sowie für Bücher, die von Rattner herausgegeben wurden. Am langwierigsten war der Weg zum Mitsprechen in großen Gruppen. Erst viele Jahre später nach meiner Promotion zum Dr. phil. über ein Thema der Psychoanalyse S. Freuds traute ich mir die alleinige Leitung eines Volkshochschulkurses über „Selbstsicherheit" zu und sprach dabei mit ca. 30 Kursteilnehmern über den Aufbau des Charakters, über Angst, Hemmungen sowie Mut und Zuversicht. Auch an dem jahrzehntelang gepflegten Brauch im Arbeitskreis, vor den vielen Teilnehmern dieses Kreises Vorträge über psychologische und anthropologische Themen zu halten, habe ich mich mit mehreren Vorträgen beteiligt, was für mich jeweils ein besonderer Akt an Expansion war.

Als Fazit meiner Psychotherapie möchte ich folgende Faktoren benennen: Mit der Kombination von Einzel- und Gruppentherapie sind die störenden Irritationen im sozialen Umfeld weitgehend überwunden worden. Stattdessen sind Verbundenheitsgefühle mit den Mitmenschen entstanden, die, wie ich in der Gruppentherapie erlebte, mit ähnlichen Schwierigkeiten zu kämpfen hatten. Gleichzeitig bedeutete das einen unerhörten Zugewinn an Menschenkenntnis. Hier beginnt schon das Geistige in der Psychotherapie, denn das Verstehen von seelischen Zusammenhängen mit den Mitteln der Hermeneutik stellt einen geistigen Prozess dar. Auf der Wertebene trat an die Stelle der Selbstzentrierung das Mitgefühl mit leidenden Gruppenteilnehmern, mithin das Ideal der Mitmenschlichkeit. Diese Entwicklung ging einher mit der weltanschaulichen Hinterfragung übernommener Positionen und der Hinwendung zu einer aufgeschlossenen Haltung, die einen Bildungsprozess in Gang setzte, der noch immer fortdauert. All dies scheint mir wesentlich für den Aufbau der Person in der Therapie zu sein.

Gefühlsentwicklung und Werthorizont einer zwanghaften Persönlichkeit am Beispiel von Anton Tschechows Erzählung *Der Mensch im Futteral*

Ich möchte verschiedene Gefühls- und Wertaspekte am Beispiel einer tragikomischen Erzählung von Anton Tschechow verdeutlichen. Sie handelt von einem Gymnasiallehrer namens Belikow, dessen Wesen und Verhalten beispielhaft für den Zwangscharakter ist. Nach neuerer Nomenklatur würde man ihn als anankastische Persönlichkeit bezeichnen. Zur Anschauung dieser Charakter- und Persönlichkeitsstörung soll seine Geschichte kurz nacherzählt werden. Tschechow lässt darin Belikows Kollegen Burkin die Geschichte Belikows erzählen.

Inhalt der Erzählung

Belikow fiel dadurch auf, dass er stets, selbst bei herrlichstem Wetter, in Gummischuhen und mit einem Regenschirm ausging und unbedingt in einem warmen, mit Watte gefütterten Paletot. Der Regenschirm steckte in einem Futteral, und die Uhr lag in einem Futteral aus grauem Wildleder, und wenn er das Taschenmesser herausholte, um den Bleistift anzuspitzen, dann stak auch sein Messer in einem kleinen Futteral. Und sein Gesicht schien auch in einem Futteral zu stecken, denn er verbarg es fortwährend in dem hochgestellten Mantelkragen. Mit einem Wort, fuhr Burkin fort, man konnte an diesem Menschen das ständige und unwiderstehliche Streben beobachten, sich mit einer Hülle zu umgeben, die ihn abschließen und vor äußeren Einflüssen schützen sollte. Die Wirklichkeit reizte und ängstigte ihn, sie hielt ihn in dauernder Unruhe, und vielleicht lobte er deshalb immer das Vergangene, weil er seine Furchtsamkeit und seinen Abscheu vor der Gegenwart rechtfertigen wollte.

Und auch sein Denken versuchte Belikow in ein Futteral zu stecken. Klar waren für ihn nur Zirkulare und Zeitungsartikel, in denen irgendetwas verboten wurde. Wenn in einem Rundschreiben den Schülern verboten wurde, nach neun Uhr abends auf die Straße zu gehen, dann war das für ihn klar und bestimmt; es war verboten – und damit basta! In einer Genehmigung jedoch war für ihn stets ein verdächtiges Element verborgen. Wurden in der Stadt ein Theaterzirkel oder eine Teestube eröffnet, dann wiegte er den Kopf und sagte leise: ‚Wenn nur nichts daraus entsteht!' Wenn einer der Kollegen sich zum Gottesdienst verspätete oder eine Aufsichtsdame des Mädchengymnasiums spät abends mit einem Offizier gesehen worden war, dann regte er sich schrecklich auf und sagte immerzu: ‚Wenn nur nichts daraus entsteht!' Und bei den Lehrerkonferenzen wirkte er einfach niederdrückend mit seiner Besorgnis, seinem Argwohn und seinen geradezu futteralhaften Überlegungen über die Jugend, die sich schlecht betrage und gezügelt werden müsse. Dieses Männchen, das stets in Gummischuhen und mit einem Regenschirm herumging, hat doch das ganze Gymnasium fünfzehn Jahre lang in seiner Gewalt gehabt!

Belikows Schlafzimmer war klein wie ein Kasten. Wenn er sich schlafen legte, deckte er sich bis über die Ohren zu; es war heiß, schwül, gegen die verschlossenen Türen klopfte der Wind, im Ofen heulte es dumpf, und ihm wurde angst und bange unter der Bettdecke. Er fürchtete, es könnte etwas passieren, beispielsweise dass sein Koch ihn ermorden würde. Danach träumte er die ganze Nacht aufregende Sachen. Morgens war er niedergedrückt und blass und man merkte deutlich, dass das Gymnasium mit seinen vielen Menschen seinem Wesen fürchterlich und widerwärtig war und dass er, ein von Natur aus einsamer Mensch, jeden Morgen das Schulgebäude mit Beklemmung betrat. Und dieser Lehrer der griechischen Sprache, dieser Mensch im Futteral hätte beinahe geheiratet!

Es kam ein neuer Lehrer für Geschichte und Geographie, ein gewisser Kowalenko, ein Ukrainer. Er war jung, groß und sprach mit tiefer Bassstimme. Er kam nicht allein, sondern mit seiner Schwester Warenka. Sie war etwa dreißig Jahre alt, groß und schlank, hatte schwarze Brauen und rote Wangen – mit einem Wort, sie war ein Bild von einem Mädchen und so schlagfertig, so lebhaft. Sie bezauberte sogar Belikow.

Bei allen tauchte der Gedanke auf, es wäre keine schlechte Idee, die beiden zu verheiraten. Belikow war nicht verheiratet. Wie verhielt er sich überhaupt zu den Frauen? War es möglich, dass ein Mensch, der bei jedem Wetter mit Gummischuhen ausging, lieben könnte? Alle lebten auf bei dem Gedanken, Belikow in den Ehestand zu bringen. Es stellte sich heraus, dass Warenka nicht abgeneigt war, zu heiraten; denn beim Bruder zu leben war kein Vergnügen. Jedenfalls begann Warenka Belikow deutlich ihre Wohlgeneigtheit zu bezeigen. Da sie die erste Frau war, die ihn freundlich und herzlich behandelte, entschied Belikow insgeheim, er müsste tatsächlich heiraten.

Berlikow sprach immer öfter von Warenka, vom Familienleben und davon, dass die Ehe ein ernster Schritt sei. Öfter besuchte er die Kowalenkos, aber seine Lebensweise änderte er nicht im Geringsten. Es war sogar umgekehrt, der Entschluss zu heiraten wirkte sich bei ihm irgendwie krankhaft aus, er magerte ab, wurde noch blasser, konnte nicht mehr schlafen und schien sich noch tiefer in sein Futteral zu verkriechen. Trotz Zuspruchs von vielen Seiten zögerte er den Antrag hinaus. Wahrscheinlich hätte er Warenka zu guter Letzt einen Heiratsantrag gemacht, wäre nicht plötzlich ein *kolossalischer Skandal* passiert.

Warenkas Bruder konnte Belikow nicht ausstehen. Er nannte ihn einen Ohrenbläser, der um sich eine erstickende Atmosphäre verbreitete. Er ärgerte sich über ihn, der öfter in sein Haus komme, dasitze, schweige und gucke.

Nun geschah folgendes: Irgendein Schelm zeichnete eine Karikatur. Belikow geht da in Gummischuhen, in hochgekrempelten Beinkleidern, unter seinem Regenschirm, und am Arm führt er Warenka; darunter die Unterschrift: ‚Der verliebte Mensch'. Die Karikatur machte auf Belikow einen niederschmetternden Eindruck.

Bei einem gemeinsamen Spaziergang von Lehrern und Schülern am nächsten Sonntag sah Belikow grün aus, finsterer als eine Wolke. Er klagte über die hässlichen und bösen Leute, und seine Lippen fingen an zu zittern. Plötzlich kam Kowalenko auf einem Fahrrad daher und hinter ihm Warenka, ebenfalls auf einem Fahrrad, rot, abgehetzt, aber lustig und vergnügt. ‚Wir fahren voraus', rief sie und war schon verschwunden. Belikow war wie erstarrt. Er blieb stehen und schaute mich an. ‚Gehört es sich für einen Lehrer des Gymnasiums und für eine Frau, ein Fahrrad zu benutzen?' Er war so erschüttert, dass er nach Hause zurückkehrte.

Am folgenden Tag war Belikow anzusehen, dass er sich nicht wohl fühlte. Tatsächlich ging er während des Unterrichts weg, zum ersten Mal in seinem Berufsleben. Gegen Abend schleppte er sich zu den Kowalenkos, traf aber nur den Bruder an. Belikow erwähnte die Karikatur und seinen Kummer über eine solche Verspottung. Er habe sich doch stets wie ein durchaus anständiger

Mensch betragen. Und dann war er so unvorsichtig, die Fahrradtour der Kowalenkos zu kritisieren. ‚Sie fahren auf einem Fahrrad, diese Belustigung ist aber für einen Erzieher der Jugend völlig ungehörig. Wenn der Lehrer auf einem Fahrrad fährt, was bleibt da den Schülern übrig? Ihnen bleibt übrig, auf dem Kopf zu gehen! Und wenn es nicht durch ein Zirkular erlaubt ist, dann darf man es auch nicht! Ich warne Sie! Sie sind ein junger Mensch. Sie haben Ihre Zukunft vor sich, man muss sich sehr vorsichtig betragen! Ein gesticktes Hemd tragen Sie, auf der Straße sieht man Sie ständig mit irgendwelchen Büchern, und jetzt noch das Fahrrad. Davon, dass Sie und Ihre liebe Schwester Rad fahren, wird der Direktor erfahren, dann geht es bis zum Kurator... Was ist da Gutes dran?'

Kowalenko reagierte gereizt, und da Belikow nachsetzte mit seinen Warnungen, packte er ihn schließlich von hinten am Kragen und gab ihm einen Stoß, und Belikow rollte, mit seinen Gummischuhen aufschlagend, die Treppe hinunter. Gerade in dem Augenblick trat Warenka ein, blieb stehen und sah zu. Da sie meinte, er sei von selbst gefallen, konnte sie nicht an sich halten und lachte schallend. Für Belikow war das entsetzlicher als alles andere.

Und mit diesem schallenden, klingenden Lachen fand alles ein Ende: die Freierei und die irdische Existenz Belikows. Er fühlte sich vernichtet, sah und hörte nichts mehr. Nach Hause zurückgekehrt, legte er sich ins Bett und stand nicht mehr auf.

Einen Monat später starb Belikow. Jetzt, wo er im Sarge lag, hatte sein Gesicht einen sanften, angenehmen, sogar vergnügten Ausdruck, gerade als sei er froh, dass man ihn endlich in ein Futteral gelegt habe. Er hatte sein Ideal erreicht! Und gleichsam ihm zu Ehren herrschte während der Beerdigung trübes, regnerisches Wetter, und alle trugen Gummischuhe und Regenschirme.

Interpretation

Der Text gibt uns einen tiefen Einblick in die Gefühlsstruktur des Helden, in seine Gefühlslage, die letzten Endes seinen Untergang zur Folge hat. Schon der Titel *Der Mensch im Futteral* signalisiert, dass sich da ein Mensch weitgehend abgekapselt hat vor den vermeintlichen Gefahren der Welt. Die affektive Grundlage seines Charakters ist im wesentlichen Angst, Angst in vielen Erscheinungsformen wie Unruhe, Zaghaftigkeit, Besorgnis, Argwohn, Beklemmung u.a. Seine Angst ist auch die Quelle von Abwehrmaßnahmen wie Spaltung oder Projektion und Bewältigungsstrategien, z.B. Selbstgerechtigkeit und

Rechthaberei. Die Funktion aller Maßnahmen ist, die tiefe Verunsicherung und Angst zu betäuben und unfühlbar zu machen. Das gelingt aber nur zum Teil und um den Preis einer skurrilen und lebensfremden Persönlichkeit. Zum Ende der Geschichte, unter dem Druck überfordernder Belastungssituationen, versagen alle Abwehrmaßnahmen und Kompensationsmechanismen.

Der Mann im Futteral fürchtet sich vor Regen, Wind und Kälte, sicher auch vor Sonne und Hitze, als seien klimatische Einflüsse feindselige Elemente. Das Futteral symbolisiert anschaulich sein extremes Schutzbedürfnis. Dann stellen wir Angst vor der Realität fest, denn Belikow befindet sich in dauernder Unruhe. Er ist in ständiger Erwartung unangenehmer Ereignisse. Die Gegenwart, die spontane Aktionen erfordert, überfordert ihn. Dagegen verschafft die Beschäftigung mit Vergangenem wie der griechischen Kultur und Sprache eine gewisse Beruhigung und Entspannung. Die Angst verhindert das Ausleben natürlicher Bedürfnisse, die Freude und Vergnügen bereiten und das Ich stärken könnten. Derlei wird durch rigide Vorschriften für sittliches Handeln niedergehalten. Der Befähigung jedes Menschen zu befreiendem Denken und Handeln sind hier stärkste Zügel angelegt. Belikow hat Wesenszüge eines passiv-autoritären Menschen mit den typischen Denkblockaden und kolossalem Respekt vor der Obrigkeit. Mit totaler Ergebenheit versucht er, Achtung zu erringen und jede Auffälligkeit zu vermeiden. Im Verhältnis zu den Schülern ist er durchaus aktiv-autoritär, kritisch-herabsetzend, ohne Güte. Seine Angst erstreckt sich auf alle Menschen. Da er sie nicht aus der Nähe kennt, ist er voller Feindseligkeitserwartungen und Misstrauen, sie könnten ihm Böses wollen. Auch im Schlaf verlässt ihn die Angst nicht. Man könnte ihn ermorden, bestehlen usw. Statt vertrauensvoll zu regredieren und neue Kraft zu schöpfen, ermattet ihn die Nacht mit Albträumen. Alle Lebensbereiche sind mit Angst infiltriert, weshalb Belikow dem warmen, pulsierenden Leben gänzlich entfremdet ist. Dazu passt seine abgrundtiefe Humorlosigkeit, die jeglichen Mangel an Freiheit offenbart.

Und dieser eingeschnürte Mensch gerät durch das Erscheinen zweier krasser Gegentypen in eine Versuchungssituation. Der junge Geschichtslehrer Kowalenko und seine blühende Schwester Warenka strotzen nämlich vor Spontaneität und Unternehmungsgeist. Sie sind ungehemmt und unbekümmert, geben ihren Gefühlen lebhaften Ausdruck und sorgen sich wenig um Vorschriften und Regeln. Belikow, bis dahin unbeweibt, erliegt nun der Versuchung, sich zu verlieben. Damit gerät er in einen ernsthaften Konflikt – einen Wertkonflikt! Liebe bedeutet Spontaneität, Kommunikation, Freude, um nur einige Werte zu nennen. Wie will ein Mensch, der das Leben statisch sieht, die Menschen fürchtet und stets voller Sorge ist, diesen Sprung schaffen? Belikows Wertvorstellungen, seine Ideale von Anstand, Benehmen und Umgang kollidieren mit den lebensfreundlichen Werten, die die Liebe fordert. Es kommt zu einer Wert-Kollision, die sein Gemüt erschüttert und sich auch somatisch äußert. Er wird blass, magert ab und leidet unter Schlafstörungen. Die tiefe Verunsicherung lässt ihn mehr die Verantwortung für eine Ehe fürchten als das mögliche Glück erhoffen. So zögert er mit einem Heiratsantrag und schiebt die Entscheidung hinaus.

In dieser Lage voller Ungewissheit und Zweifel wird seine Charakterstruktur einem unerwarteten Härtetest unterworfen. Eine an sich harmlose Karikatur von ihm und Warenka taucht auf und geht herum. Da Belikow so gänzlich ohne Humor ist, erlebt er nichts Erheiterndes daran, sondern erleidet einen furchtbaren Einbruch in sein Selbstwertgefüge. Alles, was er hochgehalten und für wertvoll erachtet hat, Anstand, Korrektheit, Ernsthaftigkeit, erlebt er mit Füßen getreten. So in der Öffentlichkeit der Lächerlichkeit preisgegeben zu sein, bedeutet für diesen Hagestolz einen tiefen Fall, von dem er sich nicht mehr erholt.

Obwohl in desolater Verfassung macht Belikow einen Versuch zur Rettung seiner Lebens- und Pflichtauffassung, indem er dem jungen Kowalenko tüchtig ins Gewissen redet. Hübsche Kleidung, ungezwungener Umgang mit Büchern und flottes Fahrrad fahren, das seien ungehörige Dinge für einen Lehrer und müsse abgestellt werden. Ihm kommt nicht die Idee, dass man vieles auch anders sehen könnte und dass hier eine Wert-Auffassung gegen die andere steht. Stures Festhalten an seinen Werthaltungen führt schließlich zu seinem Rauswurf und zu einem unwürdigen Abgang. Diese Niederlage besiegelt seinen psychischen Zusammenbruch und sein Ende. Sein zerstörtes Selbstbild und Ich-Ideal kann dieser schwache Held nicht mehr aufrichten.

Zur Theorie von Gefühl und Wert

Tschechow zeigt uns in dieser Erzählung, wie das Gefühl – in unserem Fall Angst – von zentraler Bedeutung für alle Lebensäußerungen einer Person ist. Er erweist sich damit als echter Gefühlspsychologe und Phänomenologe. Wir schließen uns seiner Sichtweise an und zitieren Josef Rattner:

> Der Schwenk von der Trieb- zur Gefühlspsychologie ist in der neueren Literatur weithin zu beobachten. Die gesamte Neo-Psychoanalyse, die

> Gestaltpsychologie, die Ganzheits-Psychologie, die Humanistische Psychologie usw. haben die außerordentliche Wichtigkeit der Sphäre der Gefühle – und das bedeutet auch der Werte, Normen und Ideale wieder entdeckt und sind darum bemüht, darauf ihre Thesen zur Erziehung, Psychotherapie, Psychohygiene usw. zu gründen. (Rattner 2000, S. 99)

Zunächst machen wir einen kleinen Exkurs in die philosophischen Voraussetzungen der Gefühlspsychologie: Um die Wende zum 20. Jahrhundert waren es die Lebensphilosophie (Wilhelm Dilthey) und die Lehre von der Intentionalität des Bewusstseins (Edmund Husserl und Franz Brentano), die der Gefühlsforschung die Tore öffneten. Dilthey formulierte die Begriffe des „Lebens" und „Erlebens" mit den Merkmalen der Geschichtlichkeit, Ganzheitlichkeit und Unmittelbarkeit. Er postulierte die zentrale Rolle des Gefühls im Erleben. Damit waren neue Grundlagen für die Methodenlehre der Geisteswissenschaften und der Psychologie geschaffen. Auch die Lehre von der Intentionalität des Bewusstseins brachte einen grundlegenden Wandel im Denken. Die Anschauung von der binnenhaften Abgeschlossenheit des Bewusstseins wurde überwunden von der Anschauung einer prinzipiellen Offenheit des Bewusstseins zur Welt. Die Lehre von der Intentionalität, die das Draußen-Sein bei den Dingen feststellte, gab eine Fülle neuer Impulse. Die Psychologie als Wissenschaft von der Intentionalität denkt seither ganzheitlich und teleologisch und fragt mehr nach dem Sinn und Wesen der Erscheinungen als nach Tatsachen (Fuchs-Lévy u. Greulich-Janssen 1991, S. 27).

Was ist nun der Sinn der Gefühle? Der Individualpsychologe Alfred Adler gab eine prägnante Definition: „Gefühle sind der Dampf in der Maschine!". Durch Gefühle wird der Mensch in die Welt hineingezogen und mit ihr verflochten. Wenn wir Gefühle haben, werden wir gedrängt, uns für Weltinhalte zu öffnen und uns an die Welt hinzugeben. „Das Gefühl lässt uns Ziele, Zwecke und Werte sehen, und zwar in solcher Qualität, dass wir dazu animiert sind, diese zu realisieren. Gefühle sind die eigentlichen Motoren des Seelenlebens" (Rattner 2000, S. 100).

Wenn wir an Belikow denken, wie er zwischen sich und den klimatischen Bedingungen seiner Umwelt Scheidewände (Futterale) errichtet, verstehen wir, dass diese Maßnahmen seine Gefühle bremsen sollen. Der Motor seines Seelenlebens soll nicht in Fahrt kommen. Man darf Belikow als einen gefühlsscheuen Menschen bezeichnen.

Die Phänomenologen Max Scheler und Nicolai Hartmann haben sich sehr gründlich mit der Gefühlswelt des Menschen auseinandergesetzt. Sie fragen, worauf denn das Gefühl wesensmäßig gerichtet sei. Die Antwort lautet: Gefühle beziehen sich immer auf Werte. Das wirft die nächste Frage auf, was denn ein Wert sei. Die Philosophen unterscheiden eine Welt der Tatsachen und eine Welt der Werte. Die Welt der Tatsachen existiert in fester Konsistenz, unabhängig vom Menschen. Werte dagegen sind idealer Natur. Auch sie existieren relativ unabhängig vom Menschen. Während Tatsachen mit den Sinnesorganen wahrgenommen werden, erfolgt die Wahrnehmung von Werten mit dem Gefühl. Je gefühlsreicher ein Mensch ist, umso vielfältiger sind seine Wert-Erfahrungen. Und er wird dabei entdecken, dass unter den Werten eine Rangordnung besteht mit niederen, höheren und höchsten Werten. Scheler nennt das den „ordo amoris", und er sagt: „Wer den ordo amoris eines Menschen hat (erkennt, d. V.), hat den Menschen" (Scheler zit. nach Mader 1980, S. 53).

Wenden wir diesen Gedankengang auf Tschechows Helden an, wird schnell sichtbar, dass dessen Leben an einer Wert-Armut und -Verirrung scheitert. Da, wo im Schulunterricht Humor, Güte und Nachsicht angebracht wären, versucht er mit Kleinlichkeit, Strenge und starrem Festhalten an Vorschriften seine individuelle Ordnungsvorstellung durchzusetzen. Ordnung ist zwar ein grundsätzlicher Wert im Leben, aber ohne Gelassenheit, Geduld und Sinn, sozusagen prinzipienhalber schränkt sie das spontane Leben ein und macht es steril.

Wir stellen noch einmal die Frage, was eigentlich ein Wert sei. Nach Meinung der Autoren ist ein Wert ein „Sollsein", also etwas, das durch den Menschen verwirklicht werden soll. Erfühlte oder erkannte Werte werden wie ein innerer Aufruf erlebt, der zu ihrer Realisierung drängt. Wert-Erlebnisse rufen *unmittelbare* Bejahung und Zustimmung hervor, was sich im Verhalten und Handeln niederschlägt (Rattner 2000, S. 103).

Nach Scheler und Hartmann ist es die Liebe, die den Menschen gefühlvoll und wertsichtig macht. Unter Liebe versteht Scheler nicht die Liebe zu einer individuellen Person, sondern eine grundsätzliche Geöffnetheit des Menschen zur Welt. Liebe ist für ihn die vollumfängliche Teilnahme an der Welt. Sie ist gleichsam die Sprengung der Grenzen des eigenen Seins, ist Hingebung (Scheler zit. nach Mader 1980, S. 51). So wie Liebe Öffnung ist, ist sie auch Beeindruckbarkeit. Liebende Menschen lassen sich von den einströmenden Weltinhalten prägen und formen. Staunen- und Bewundern-können sind Spielarten der Beeindruckbarkeit. Liebe ist auch Bejahung. Die Gegenstände der Liebe erfahren durch sie ihre volle Daseinsberechtigung.

Wir verstehen nun, dass Belikow in einen schweren Konflikt kommen musste; denn die Wesenszüge der Liebe wie Geöffnetheit und Teilnahme, Staunen, Bewundern und Bejahen drängen auf Erweiterung des Fühlens und Erlebens. Das macht mutigere Menschen glücklich, während bei einem zwanghaften Menschen wie Belikow die Angst zur führenden Emotion wird. Die Befürchtung ist groß, er könnte Schaden nehmen, womöglich einen Selbst-Verlust erleiden! So schlüpft er unter dem Eindruck großer Gefahr in sein gewohntes Leben im Futteral zurück. Die Chance, durch Liebe ein weiterer, sozialerer und glücklicherer Mensch zu werden, kann er nicht ergreifen.

Gefühle sind die Fähigkeiten, sagt Rattner, durch die ein Mensch sich in die einmaligen und unwiederholbaren Konstellationen des Lebens einlässt und sich mit ihnen auseinandersetzt. Darum ist ein entwickeltes Gefühlsleben von unschätzbarem Wert für eine erfolgreiche Lebensgestaltung. Mangelt es an Gefühlen, lebt ein Mensch am Leben vorbei und kann keine positiven Erfahrungen machen (Rattner 2000, S. 105).

Über den produktiven Umgang mit Affekten am Beispiel einer Szene aus dem Roman *Das Portrait des Künstlers als junger Mann* von James Joyce

In den tiefenpsychologischen Therapieverfahren geht man davon aus, dass die Gefühle der Erlebnisgrund aller seelisch-geistigen Fähigkeiten und Funktionen sind. Gefühle untermauern das menschliche Leben, obwohl sie nicht immer voll zu Bewusstsein kommen. Sie sind zielgerichtet und verbinden den Menschen mit Mitmensch und Welt. Eine Gefühlsgruppe ist aber im Kanon der Gefühle recht auffällig, nämlich die Gruppe der Affekte. Dazu gehören Angst, Wut, Trauer, Ekel, Scham, Empörung u.a. Sie springen ruckartig ins Bewusstsein, werden überfallartig und negativ erlebt, denn sie beherrschen die ganze Person. Affekte sind sehr ausdruckstark, weshalb jedermann sie verstehen kann. Das ist bei den Gefühlen, die von sanfterer Natur sind, nicht immer der Fall. Wer zu Affekten neigt, hat meist ein Problem und seine Umgebung mit ihm. Vom psychotherapeutischen Standpunkt sind gelegentlich auftretende Affekte nicht problematisch, wohl aber Daueraffekte, weil sie Leib und Seele mit der Zeit zerrütten. Langanhaltende Affekte sind Störfaktoren von hohem Krankheitswert, und es liegt im Interesse eines jeden, mit seinen Affekten zu haushalten. Anders verhält es sich bei positiv erlebten Affekten wie Freude oder Neugier.

Die Affekt-Gefühls-Thematik hat Philosophen und Psychologen seit den Griechen und der Stoa sehr beschäftigt und ist auch heutzutage hoch aktuell. An einem literarischen Beispiel wollen wir zeigen wie ein Jugendlicher durch eine schlimm verlaufende Schulstunde in einen Sturm von Affekten gerät und seine Selbstgewissheit verliert, sich aber zu einer von Gefühlen gelenkten Haltung und Handlung durchringt und glücklich-entspannt aus dem Konflikt hervorgeht.

Inhaltsangabe

Es geht um eine Szene aus dem Roman *Ein Portrait des Künstlers als junger Mann* von dem irischen Dichter James Joyce (1882-1941) (James Joyce 1916, S. 50-64).

Der Held dieses Romans ist ein Gymnasiast in einem von Jesuiten geführten Internat. Stephen ist ein kluger Junge, ein Einser- und Zweier-Kandidat, der bereits eine Idee von einer Zukunft als Schriftsteller in sich trägt. Er ist eher Einzelgänger, wird aber von seinen Kameraden akzeptiert. Er heißt Stephen Dedalus, ein vielsagender Name; denn Dedalus war ein genialer Baumeister und Erfinder in der griechischen Mythologie. Er war der Vater von Ikarus, dem Himmelsstürmer. Wir geben nun die besagte Schulstunde in einer gekürzten Fassung wieder:

Pater Arnall kam herein und die Lateinstunde begann. Er teilte die Arbeitshefte aus und sagte, sie wären ein Skandal und müssten alle mit den Verbesserungen noch einmal abgeschrieben werden, sofort! Die schlechteste von allen wäre Flemings Arbeit. Das wäre eine Beleidigung für jeden Lehrer. Ein Schweigen legte sich über das Klassenzimmer und Stephen, der einen schüchternen Blick in Pater Arnalls dunkles Gesicht warf, sah, dass es rot war von dem Harnisch, in dem er war. Beging Pater Arnall damit eine Sünde, dass er in Harnisch kam, oder war es ihm erlaubt, in Harnisch zu kommen, wenn die Jungen faul waren?

Die Tür ging leise auf und zu: der Studienpräfekt! Es gab einen Augenblick Totenstille und dann den lauten Knall eines Stocks auf die letzte Bank. Stephens Herz hüpfte vor Angst. – Braucht hier ein Junge Prügel, Pater Arnall? schrie der Studienpräfekt. Gibt's faule und müßige Bärenhäuter in dieser Klasse, die Prügel brauchen? Er kam in die Mitte der Klasse, sah Fleming auf den Knien und hörte von der schlechten Arbeit. Unverzüglich erfolgte das Strafgericht: sechs schreckliche Schläge auf jede Hand. Stephens Herz pochte und flatterte.

Plötzlich stand er vor Stephen. Warum schreibst du nicht wie die anderen? Er erfuhr, dass Stephens Brille beim Spielen am Schlackenweg zerbrochen war und Pater Arnall ihn von der Arbeit befreit hatte. – Fauler müßiger kleiner Bärenhäuter! schrie der Studienpräfekt. Meine Brille zerbrochen! Ein alter Schuljungentrick! Vor die Hand, augenblicklich! Stephen streckte seine Hand aus. Er spürte den Stock hernieder sausen. Ein heißer, brennender sengender Schmerz ließ seine zitternde Hand zusammenschrumpfen wie ein Blatt im Feuer. Der Schmerz trieb ihm brühheiße Tränen in die Augen. Sein ganzer Körper bebte vor Scham und Qual und Angst. – Andere Hand! brüllte der Studienpräfekt und die Tortur ging weiter. Wenn Stephen daran dachte, dass seine Hände in einigen Sekunden so schmerzverquollen waren, da taten sie ihm so leid, als wären es nicht seine eigenen, sondern die von jemand anderem. – Und jetzt an die Arbeit, alle! schrie der Studienpräfekt von der Tür aus. Pater Dolan kommt jetzt jeden Tag und sieht nach, ob irgendein fauler Junge Prügel braucht. Jeden Tag. Jeden Tag. Die Tür schloss sich hinter ihm. Die verstummte Klasse schrieb weiter die Arbeiten ab. Pater Arnall ging durch die Reihen, half den Knaben mit milden Worten und sagte ihnen die Fehler, die sie gemacht hatten. Stephen, scharlachrot vor Scham, öffnete mit seiner schwachen Hand rasch ein Buch und beugte sich darüber, das Gesicht dicht auf der Seite.

Es war ungerecht und grausam, weil der Doktor ihm verboten hatte, ohne Brille zu lesen, und er hatte an seinen Vater geschrieben, dass er ihm eine neue schickte. Dann vor der Klasse ein Drückeberger genannt und geschlagen zu werden, wo er doch immer die Karte für den Ersten oder Zweiten bekam. Es war grausam und ungerecht, ihn dann noch in der Mitte der Klasse knien zu lassen. Pater Arnall hatte zu ihnen beiden gesagt, sie könnten sich wieder setzen, ohne einen Unterschied zu machen zwischen Fleming und ihm.

Nach der Stunde, auf dem Weg zum Refektorium, sprachen die Jungen über den Vorfall: Das ist eine ganz säuische Gemeinheit ist das, sagte Fleming, einen für etwas zu schlagen, wofür man nichts kann. Ich tät mir das nicht gefallen lassen. Ich ging rauf zum Rektor, mich über ihn beschweren. – Ja, mach das, Dedalus, sagte Nasty Roche, weil er gesagt hat, er käm morgen wieder rein und würd dich schlagen. Und einer aus Grammatik II sagte: Der Senat und das römische Volk erklärten, dass Dedalus zu Unrecht bestraft worden war. – Es war grausam und ungerecht: und während er im Refektorium saß, durchlitt er in der Erinnerung die gleiche Demütigung. Er konnte nicht essen. – Ja, er würde hochgehen und dem Rektor sagen, dass er zu Unrecht bestraft worden war. So etwas hatte schon früher einmal jemand aus der Geschichte getan, irgendein großer Mensch, dessen Kopf in den Geschichtsbüchern war. Die ganze Geschichte handelte von diesen Männern und was sie taten, und das war es auch, wovon die ganzen Erzählungen aus Rom und Griechenland handelten. Alles, was er tun musste, war, wenn das Essen zu Ende wäre, weiterzugehen, nicht mit den Schülern, sondern die Treppe hoch zum Zimmer des Rektors.

Aber er konnte nicht gehen. Der Rektor stünde auf Seiten des Studienpräfekten und hielte es für einen Schuljungentrick und dann käme der Studienpräfekt trotzdem jeden Tag, nur wäre es noch schlimmer, weil er furchtbar in Harnisch wäre über jeden, der wegen ihm zum Rektor raufginge. Nein, es wäre am besten, dem aus dem Wege zu gehen und die ganze Geschichte zu vergessen; denn wenn man klein und jung war, konnte man sich auf diese Weise aus der Schlinge ziehen. Nun standen alle auf, um hinauszugehen. Er musste sich entscheiden. Es war unmöglich: er konnte nicht. Er dachte an den kahlen Kopf des Studienpräfekten, an seine grausamen farblosen Augen und an seine Stimme, die zweimal nach seinem Namen fragte. Dedalus! Wollte er sich lustig machen? Die großen Männer der Geschichte hatten solche Namen und niemand machte sich über sie lustig. Pater Dolan hätte sich über seinen eigenen Namen lustig machen können. Dolan: das war wie der Name einer Waschfrau.

Bevor er sich besinnen konnte, war er in dem niedrigen engen dunklen Korridor, der zum Zimmer des Rektors führte, und er spürte, dass alle Jungen ihm nachblickten. Er lief durch den Korridor, vorbei an den kleinen Türen zu den Zimmern der Gemeinschaft. Es war dunkel und still und seine Augen waren schwach und tränenmüd, so dass er nicht sehen konnte. Aber er dachte, es wären die Portraits der Heiligen und großen Männer des Ordens, die still auf ihn niederblickten. Schließlich war er vor der Zimmertür des Rektors und klopfte. Sein Herz machte einen Satz, als er eine gedämpfte Stimme sagen hörte: – Herein! Er trat ein. Der Rektor saß am Pult und schrieb. Stephens Herz schlug schnell wegen des feierlichen Ortes und der Stille des Zimmers.

Nun, kleiner Mann, sagte der Rektor freundlich, was ist? Stephen berichtete von der zerbrochenen Brille, von dem Brief an den Vater und von Pater Arnall, der gesagt hat, er brauche nicht zu lernen, bis die Brille kommt. Der Rektor nickte. Stephen schluckte und tat was er konnte, damit Beine und Stimme nicht zitterten, während er von Pater Dolan sprach, der ihn geschlagen hat, weil Stephen die Arbeit nicht geschrieben hat und weil er glaubte, Stephen wolle sich drücken. – Na dann, sagte der Rektor, hat Pater Dolan nicht begriffen. Es ist ein Irrtum. Du kannst sagen, dass ich dich ein paar Tage vom Unterricht befreie. Ich werde selbst mit Pater Dolan sprechen. Ist es gut so? Stephen fühlte die Tränen seine Augen nässen und murmelte: - O ja Sir, danke. Er verneigte sich und ging leise aus dem Zimmer, vorsichtig und langsam die Türen schließend.

Schnell und schneller eilte er durch die dunklen Korridore fort und gelangte hinaus ins Freie. Er konnte die Schreie der Jungen auf den Spielfeldern hören. Er begann zu rennen und rannte quer über den Schlackenweg und kam am Spielfeld der dritten Klasse außer Atem an. Die Jungen schlossen einen Ring um ihn und waren begierig zu hören. – Erzähl schon! Erzähl schon! – Was hat er gesagt? Er erzählte ihnen, was er gesagt hatte und was der Rektor gesagt hatte, und als er fertig war, schleuderten alle Jungen ihre Mützen in die Luft und schrien: - Hurra! und immer wieder – Hurra! Hurra! Und dann kam ein dreifaches Buh für Dolan den Glatzkopf und ein dreifaches Hoch für den Rektor, den anständigsten Schulleiter, den Clongowes je gehabt hätte.

Die Hochrufe erstarben in der sanften grauen Luft. Er war allein. Er war glücklich und frei. Die Luft war sanft und grau und mild und der Abend kam. Der Geruch des Abends war in der Luft, der Geruch der Äcker auf dem Land. – Soweit die Szene.

Interpretation

James Joyce erzählt aus der Perspektive des Knaben, so dass ein starker Kontrast zwischen der gefühlsreichen inneren Rede des Kindes und dem erzieherischen Irrsinn entsteht, der an der Schule herrscht. Der Erziehungsauftrag entpuppt sich hier als Machtmissbrauch, dessen krankhafter Vollstrecker Pater Dolan ist. Stephen, noch in Ehrfurcht vor staatlichen und kirchlichen Autoritäten erzogen, ist höflich und folgsam. Das hindert den klugen Jungen aber nicht, mit feiner Beobachtungsgabe festzustellen, dass alle Lehrer an dieser Schule „ganz fürchterlich in Harnisch" geraten können. Er fragt sich, ob die Patres damit eine Sünde begehen, oder ob sie eine Erziehungsmethode anwenden. Man sieht, trotz Ehrfurcht und Scheu hat Stephen keine Denkhemmung in Bezug auf die Motivation seiner Lehrer. Er verfügt auch über klare moralische Vorstellungen: Strafe darf sein bei Faulheit und sonstigem Fehlverhalten, aber nicht willkürlich, wenn ein Kind ohne Schuld ist. Das ist „grausam und ungerecht" und ruft Widerstand hervor. Er arbeitet sich durch seine Affektstürme hindurch zu einer mutigen Haltung und befreienden Handlung, die seine Selbstachtung wieder herstellt.

Wir gehen die Szene noch einmal durch und machen auf die affektiven und gefühlsmäßigen Erscheinungen aufmerksam. In der Stunde herrscht eine *ängstlich-angespannte Stimmung*, denn der Lateinlehrer ist wütend. Das steigert sich zu *Angst* und *Entsetzen*, als der Studienpräfekt erscheint und sein fürchterliches Strafgericht an Fleming vollzieht. Stephens Angst wird zur *Panik* als ihm das Gleiche widerfährt. Er macht eine heftige *Schmerzerfahrung*, und Tränen stürzen herab. Sein ganzer Körper bebt vor *Scham* und *Qual*. Trotz des Aufruhrs in Leib und Seele schaut er voller *Mitleid* auf seine geschundenen Hände, als wären sie von jemand anderem, mit dem er *Mitleid* hätte. Dann steigt helle *Empörung* auf wegen der Bestrafung, die eine Demütigung ist und Stephens Selbstachtung tief verletzt. Die Bestrafung widerspricht der Gerechtigkeit. Sie muss vor der Öffentlichkeit – in diesem Fall dem Rektor – wieder hergestellt werden. So denken alle Kinder. Stephen schöpft *Mut* aus der griechisch-römischen Geschichte, wo große Männer so einen Schritt wagten. Die Identifikation mit ihnen richtet ihn auf. Aber seine zuversichtliche Gefühlslage schwankt. Erneut packen ihn *Kleinmut* und *Angst*. Er fühlt seine *Ohnmacht,* wenn er an die grausamen Augen seines Peinigers denkt. An der *Identifikation* mit Dedalus, dem griechischen Helden, der Großes in seinem Leben geschaffen hat, entzündet sich *neuer Mut,* und Pater Dolans dämonische Aura verblasst. Stephen löst sich von den Jungen. Er ist nun ein Einzelner, entschlossen, für die Rehabilitation seines gedemütigten Ichs einzutreten. Er taucht ein in die Enge und Düsternis der Korridore mit der tröstlichen Vorstellung, dass die Bilder an den Wänden Portraits von großen und tapferen Männern des Ordens seien, die still auf ihn hernieder blicken. So gelangt er vor die Tür des Rektors, der ihn versteht. Im Gefühl der *Befreiung* von einer großen Schmach und *voll des Glücks* eilt er zu seinen Kameraden. Später, allein in der Natur strömt die *sanfte, milde Stimmung* des Abends in ihn ein.

Wie wir gesehen haben, kommen Affekte wie Angst, Entsetzen, Panik, Scham und Empörung durch eine Fülle vegetativer Symptome zum Ausdruck, so dass ein Betroffener wie der Held unserer Geschichte, die Herrschaft über seinen Körper verliert. Die Selbstgewissheit seiner jugendlichen Seele ist empfindlich getroffen, und auch seine Gedanken fließen nicht mehr gleichmäßig und strukturiert dahin. Unablässig kreisen sie wild und monoton in seinem Kopf, dass es „grausam und ungerecht“ ist, ihn, der schuldlos ist, zu strafen. Nach dem erfolgreichen Gang zum Rektor vollzieht sich ein bemerkenswerter Wandel in seiner ganzen psychisch-physischen Befindlichkeit. Er spürt nicht mehr die Bedrängnis durch die Unordnung des Leibes, und seine Gedanken weisen nicht mehr den zwanghaft-obsessiven Charakter auf. Seine Gefühle fließen nun frei in seinem gestärkten Ich dahin, und sein Gemüt nimmt die sanfte Stimmung des Abends auf.

In der psychotherapeutischen Diagnostik spielen Affekte, affektive Haltungen sowie verdrängte Affekte als Krankheitsursache eine besondere Rolle. Andererseits tragen Gefühlsmangel und ein lückenhafter Aufbau der Person dazu bei, dass Menschen krank werden und Lebensaufgaben, Konflikte und Niederlagen nicht bewältigen können. Nun sollen weitere Ausführungen über Affekte und Gefühle sowie ihr Zusammenwirken gemacht werden.

Affekte sind heftige Gemütsbewegungen oder Gefühlserregungen unter starker Beteiligung der vom vegetativen Nervensystem gesteuerten Körpervorgänge. Affekte haben – und darin liegt ihre Besonderheit - einen starken Antrieb zum Handeln. Sie gehören zur biologisch-seelischen Grundausstattung des Menschen und sind zunächst wertneutral, also weder gut noch schlecht. Nietzsche sieht in den Affekten den Urgrund unserer Vitalität und vergleicht sie mit gefährlichen Wildwassern oder fruchtbarer Erde, die es zu kultivieren gilt. Auch Descartes hält die Affekte für wertvolle Naturkräfte, wenn sie von Menschen mit klarem Intellekt, festen Werturteilen und starkem Willen in Dienst genommen werden.

‚Reine Affekte' kann man nur bei kleinen Kindern beobachten. Dies sind einerseits Freude, Neugier und Überraschung und andererseits Furcht, Wut, Ekel und Verzweiflung. Im weiteren Leben gehen Affekte vielfach Fusionen mit anderen Gefühlsgruppen ein wie den Triebgefühlen oder ganz besonders den Emotionen. Es kommen höhere Affekte hinzu wie Empörung, Neid, Scham, Mitleid u.a. Sie infiltrieren den gesamten Gefühlsaufbau eines Menschen.

Affekte werden ausnahmslos von Umweltreizen ausgelöst, die gesellschaftlich und individuell sehr variieren können. Die verschiedensten Gegenstände, Ereignisse, Menschen können unsere Furcht, Wut, unseren Ekel hervorrufen (Heller 1981, S.102-103). Auf den Reiz folgt der Gefühlstoß und der Gefühlsausdruck, die Expression. Jeder Affekt hat seinen spezifischen Ausdruck. Die Expression ist angeboren, weshalb sie bei allen Völkern auftritt und verstanden wird. Das ist bei vielen Gefühlen keineswegs so. Sie zu verstehen, erfordert Lebenskenntnis und sprachliche Mitteilung.

Erleben wir einen Affekt, ist das ein Signal an unser Selbst. Unser Selbst ist in Gefahr! Um sie abzuwenden, müssen wir schnell und kräftig reagieren; mit Weglaufen bei Furcht, Aggression bei Wut oder Weinen bei Trauer. Es geht um unsere Selbstbehauptung. Die schnellen und drastischen Reaktionen helfen aber nicht wirklich weiter. Es sind keine Handlungen. Häufige Affekte im sozialen Umfeld sind belastend und führen zu Konflikten. Für uns selbst ist die Affektreaktion ein wichtiger Hinweis. Etwas ist nicht in Ordnung! Was kann es sein? Ein Affekt teilt sich mit, auch wenn wir den auslösenden Reiz noch nicht erkannt haben. Ein unverstandener Affekt ist wie ein Aufruf zur Selbsterforschung. Er kann auch Ausgangspunkt einer inneren Auseinandersetzung sein, die zu klaren Gefühlen und vernünftigem Handeln führt. Im dahinfließenden Bewusstseinsstrom ist ein Affekt ein Weckruf. In ihm ist immer eine Botschaft enthalten, die auf innere und äußere Konflikte hinweist.

Man muss also herausfinden, welcher Art der den Affekt auslösende Reiz war, worum es etwa bei einem Trauer-, Wut,- oder Angst-Affekt geht. Die Arbeit des Verstehens wird von Gefühlen geleistet. Affekte zu verdrängen, zu verschieben oder abzureagieren, führt nicht zur Integration ins Gefühlsleben.

Affekte sind Bausteine in der Charakterbildung. Schon beim Säugling kann man beobachten, dass er sehr bald seine Art der Affektbereitschaft ‚wählt'. Er bevorzugt entweder den Angriff (Wut), die Anlehnung (Furcht) oder den Abstand (Ekel). Ebenso tragen positive Affekte wie Freude und Neugier zur individuellen Formung der Charakterhaltungen bei. In unseren affektiv untermauerten Charakterzügen liegt die ganze Leidenschaft, mit der die Ziele der Selbstbehauptung und des Machtanspruchs erkämpft werden (Neiss 2014)

Die Überwindung einer Affektbereitschaft wie sie in der Therapie angebahnt wird, kann nicht direkt angesteuert werden. Sollen Affekte geklärt werden, kann das nur von Gefühlen geleistet werden. Da Gefühle stets wertbezogen sind, vermögen sie aus der Selbstbezogenheit der Affekthaltung herauszuführen. Wir brauchen ein „Wofür" und „Wohin" im Leben, um unsere Leidenschaften produktiv einsetzen zu können. Ob sich der Neugier-Affekt an den Geheimnissen und Verfehlungen der Mitmenschen oder an allem Lebendig-Seienden überhaupt entzündet, macht einen großen Unterschied. Auch Ekel und Ekel sind zweierlei. Häufiger Ekel vor kleinen Insekten oder Gerüchen muss anders bewertet werden als Ekel vor Verleumdung, Verrat und Korruption. Auch Scham-Affekte bei kleinen Unregelmäßigkeiten der Kleidung oder des Benehmens offenbaren Ichbezogenheit, nicht aber Scham über eine wahre sittliche Verfehlung. Selbst Empörung über gesellschaftliche Missstände – ein häufig produzierter Affekt – dient oft mehr der *Selbst*gerechtigkeit als der Gerechtigkeit. Es kommt eben sehr auf den Wertgehalt der Reizquellen und ihre Verarbeitung an. Das macht den entscheidenden Unterschied. Wenn wir unverträgliche Affekthaltungen in der Psychotherapie behandeln wollen, müssen die Affekte von werthaltigen Gefühlen in Dienst genommen und einer höheren Bestimmung zugeführt werden. Nicht eingestandene und nicht geklärte Affekte entarten und bringen Krankheit, Laster und Bösartigkeit mit sich.

Da alle Affekte mehr oder weniger eine sinnvolle Funktion im sozialen Leben erfüllen, spielt die sorgfältige Affekterziehung in der Kindheit eine herausragende Rolle. Werden Affekte wie bei sehr lebhaften oder verwöhnten Kindern häufig mobilisiert, gilt es, sie an die realen Vorkommnisse anzugleichen. Bei verhaltenen oder kranken Kindern kann es notwendig sein, z.B. Freude- oder Neugier-Affekte zu provozieren. Überhaupt sollten Kinder viele Affekte kennenlernen mit ihren Anlässen und den erwünschten Reaktionsweisen. Gelingt es, die kindlichen Affekte zu kultivieren, ist ein Grundstein gelegt für frühes emotionelles Verhalten.

Affekte sind von pathischem Charakter. Im Zustand eines Affektes wird ein Mensch von seinen Erlebnissen *überfallen*. Er *erleidet* den Affekt. Hat er aber Gefühle, überschreitet er die Grenzen seines Ichs und öffnet sich zur Welt. Er erkennt Werte in der Welt und bewegt sich auf sie zu. Gefühle haben bedeutet, vielfältige Beziehungen einzugehen. Gefühle werden gelernt. Dabei fügen sie sich mit allen psychischen Funktionen wie Denken, Wollen, Handeln u.a. zu einer Ganzheit und werden zum dauerhaften Bestandteil einer Persönlichkeit. Persönlichkeitsgefühle sind autonom, d.h. sie sind aus eigener Kraft. Das Urgefühl ist Liebe und Bejahung. Bei Misstrauen, Gehemmtheit, Gleichgültigkeit, Langeweile und Hoffnungslosigkeit besteht ein Mangel an Liebe und Bejahung.

Während Affekte unseren Körper erschüttern, werden wir von Gefühlen bewegt, berührt und gehoben. Wir sind dabei gelassen oder gar selbstvergessen. Im Fühlen sind Leib und Seele miteinander verbunden. Das Denken ist frei beweglich.

Gefühle entwickeln sich an und mit wesentlichen Aufgaben und Beziehungen. Sie können mit der Zeit ‚tief' und ‚groß' werden. In den entscheidenden Momenten der Kreativität oder der Liebe werden das Ich und die Aufgabe, Ich und Du, Leib, Seele und Welt eins (Neiss 2014).

Mitleid und Mitgefühl als Komponenten der psychotherapeutischen Haltung

Unter Mitarbeit von Gert Janssen

Denkt man über das Gefühlsphänomen *Mitleid* nach, mag man es spontan für eine der edelsten menschlichen Regungen halten und über jede Kritik erhaben. Befasst man sich aber mit entsprechender Literatur aus der Philosophie und Tiefenpsychologie, wird man eines besseren belehrt. Unter den Philosophen gibt es viele kritische Stimmen gegen das Mitleid, so dass die Philosophin Käte Hamburger für sie den Begriff „Mitleidsverächter" prägte (Hamburger 1985, S. 41). Auch in der Tiefenpsychologie gibt es skeptische Äußerungen. Sigmund Freud z.B. empfiehlt, während der psychoanalytischen Behandlung menschliches Mitleid beiseite zu drängen, damit die therapeutische „Operation" kunstgerecht und ungestört vonstatten gehen könne (Freud 1912e, GW Bd. 8, S. 380). Neben den Kritikern, die von der Nutzlosigkeit des Mitleids und seinem Schaden für die Persönlichkeit überzeugt sind, stehen die Befürworter. Für sie ist Mitleid der schönste Ausdruck des Mitgefühls und der emotionalen Geöffnetheit für den Mitmenschen. Die Meinungen über das Mitleid sind vielfältig und widersprüchlich.

Ein Exkurs über *Mitleid* und *Mitgefühl* ist für jeden Psychotherapeuten von Belang, ist er doch ständig mit der Frage nach der therapeutischen Haltung konfrontiert. Wie viel Mitgefühl muss sein, damit der Patient Vertrauen fassen und sich öffnen kann? Inwieweit muss der Therapeut sein Mitleid zurückhalten, damit die Eigenverantwortlichkeit und Aktivität des Patienten nicht gebremst werden? Welcher Art soll das Mitgefühl sein, damit der therapeutische

Dialog von Wahrhaftigkeit getragen wird? Und wie soll die Persönlichkeit des Psychotherapeuten strukturiert sein, damit er den emotionalen Anforderungen des therapeutischen Prozesses gerecht werden kann? In diesem Zusammenhang sei nur an die grundlegende Kontroverse zwischen Freud und dem ungarischen Psychoanalytiker Sandor Ferenczi über die Frage erinnert, ob das väterliche Prinzip mit karger emotionaler Zuwendung oder das mütterliche Prinzip mit reichlichem Mitgefühl die geeignetere Haltung in der Psychotherapie sei (Rattner 1995, S. 165).

Wir wollen im Folgenden das widersprüchliche Bild der Meinungen nachzeichnen mit der Absicht, sie für das tiefere Verständnis der therapeutischen Haltung und die Therapeutenpersönlichkeit fruchtbar zu machen. Wir beginnen mit den sogenannten Mitleidsverächtern.

Mitleidsverächter in der Philosophie – Antike Philosophen

Nach Plato ist Mitleid schädlich für den nach Tugend Strebenden. Der Tugendhafte muss in der Lage sein, „ruhig zu sein und auszuharren", wenn ihn ein Leid trifft. Plato ist besorgt über die Kunst der Tragödiendichter, die in uns Mitleid mit dem traurigen Schicksal ihrer Helden erweckt. Wer solchen Regungen nachgibt und so das Trübselige in sich nährt, dessen Bereitschaft, zukünftiges Leid zu ertragen, wird nachlassen (Platon, Politeia 605c - 606b, zit. n. Kronauer 1990, S. 37). Plato hat hier mehr die Vermeidung des Selbstmitleids im Sinn als das Mitgefühl für den anderen.

Aristoteles kommt aus anderen Gründen zu einer Geringschätzung des Mitleids. Er beschreibt Mitleid als einen Kummer über ein offensichtliches „vernichtendes oder schmerzbringendes Übel, das jemanden trifft, der es nicht verdient, und das zu erfahren man für sich oder einen der Seinen gefasst sein muss, wenn es nah erscheint" (Aristoteles, Rhetorik 1385 b, zit. n. Hamburger 1985, S. 57). Daher ist das Mitleid umso größer, je ähnlicher uns der von einem Leid Betroffene hinsichtlich des Alters, des Charakters, der seelischen Verfassung, des Ansehens oder der Herkunft ist.

> Im Vergleich mit all diesen nämlich erscheint es eher, dass auch uns selbst ein solches Geschick zuteil werden kann. Überhaupt muss man ... annehmen, dass das, was man für sich selbst fürchtet, Gegenstand des Mitleids ist, wenn es anderen widerfährt. (Aristoteles, Rhetorik 1386a, zit. n. Kronauer 1990, S. 41)

Aristoteles äußert damit als erster den Gedanken, dass die Sorge um sich selbst die Grundlage der Mitleidsregung ist. Er wandelt dadurch die ursprünglich auf den anderen gerichtete altruistische Gefühlsreaktion in eine egoistische um.

Mit Seneca beginnt eine differenzierte Einstellung zur Mitleidsempfindung. Sofern sie als folgenloser Affekt auftritt, wird sie verworfen. Ethischer Wert kommt ihr aber dann zu, wenn sie den Mitleidigen zur aktiven Hilfeleistung veranlasst. Seneca geht vom stoischen Idealbild des heiteren, stets gelassenen Weisen aus, der Herr seiner selbst ist und ausschließlich der Vernunft folgt. Güte und Sanftheit sind mit diesem Ideal vereinbar, Mitleid aber nicht. Der weise Mann wird sich beim Anblick fremden Unglücks nicht von Mitleid und Betrübnis ergreifen lassen, nicht einmal bei eigenem Unglück; denn „sein Sinn ist heiter und hoch. Trauer zerbricht aber den Sinn und wirft ihn nieder". Der betrübte Mensch ist nicht in der Lage, „die Dinge zu durchschauen, Nützliches auszudenken, Gefährliches zu vermeiden, Billiges abzuschätzen. Also erbarmt sich der Weise nicht, weil das ohne Elend des Geistes nicht geschieht." (Seneca, Über die Güte, 2. Buch, zit. n. Kronauer 1990, S. 44)

Er darf aber „gern und erhobenen Sinnes" Hilfe leisten. Fremden Tränen wird er zu Hilfe eilen, nicht nahekommen. Der Weise, „geboren zu gemeinsamer Hilfe", wird dem in Not Geratenen nützen. Gerade weil er sich nicht vom Affekt des Mitleids überwältigen lässt und beim Anblick fremden Leids weder den Blick noch den Mut sinken lässt, kann er wirksam seine Mittel und Kräfte einsetzen, um einen anderen Menschen aus seiner Notlage zu befreien. Seine Hilfe kommt von Mensch zu Mensch, sie ist unaufdringlich und demütigt den anderen nicht.

Neuzeitliche Philosophen

Wie Seneca ist auch Spinoza geteilter Meinung über das Mitleid. Geringschätzig äußert er sich nur über das zum Affekt des Jammerns gesteigerte Mitleid (lat. *commiseratio*). „Das Bejammern ist bei einem Menschen, der nach der Leitung der Vernunft lebt, an sich schlecht und unnütz." (Spinoza, Ethik, IV. Teil , 50. Lehrsatz). Mitleid in Form von Mitgefühl, das auch die Mitfreude umfasst (nach Spinoza lat. *misericordia*), stuft er dagegen als Liebe ein.

> Mitgefühl (misericordia) ist Liebe, insofern sie den Menschen so affiziert, daß er sich über das Glück eines anderen freut und sich dagegen über das Unglück eines anderen betrübt. (Spinoza, Ethik, III. Teil, Def. 24)

Auch das Jammern kann aber nach Spinoza eine gute und nützliche Folge haben, wenn nämlich der von diesem Affekt Betroffene sich bemüht, den bemitleideten Menschen von seinem Leid zu befreien. Dabei nämlich handelt er, soweit es ihm möglich ist, nach dem Gebot der Vernunft, „und nur von dem, was wir nach dem Gebot der Vernunft tun, können wir sicher sein, daß es gut ist" (Spinoza, Ethik, IV. Teil, 50. Lehrsatz, Beweis). Wenn also das Gefühl des Mitleids von der Vernunft geleitet zur hilfreichen Tat führt, ist es zu bejahen.

Ähnlich ist auch Kants Haltung zum Mitleid. Tritt es als „Mitleidenschaft" auf – Spinozas *commiseratio* ähnlich –, wird es verworfen, weil dadurch das Leid in der Welt nur vermehrt wird: „... daß, wenn ein anderer leidet und ich mich durch seinen Schmerz anstecken lasse, dem ich doch nicht abhelfen kann, ihrer zwei leiden ... die Übel in der Welt zu vermehren, aber unmöglich Pflicht sein könne." (Kants Werke 1922, Bd. VII, S. 271)

Als tätige Teilnahme am Glück und Leid des anderen – entsprechend der *misericordia* bei Spinoza – erkennt auch Kant das Mitleid als eine „bedingte Pflicht unter dem Namen Menschlichkeit" an, „diese als Mittel zur Beförderung des tätigen und vernünftigen Wohlwollens zu gebrauchen". Inhalt dieser bedingten Mitleidspflicht ist die „tätige Teilnehmung an ihrem (der anderen) Schicksale und zu dem Ende also indirekte Pflicht, die mitleidigen (natürlichen) Gefühle in uns zu kultivieren und sie als so viele Mittel zur Teilnehmung aus moralischen Grundsätzen ... zu benutzen" (Kant ebd.).

Nietzsche knüpft an Plato, Spinoza und Kant an, soweit sie das Mitleid für den Aufbau von Tugenden als schädlich betrachten. So wie Nietzsche die christliche Moral verwirft, weil er sie für eine Moral der Schwachen hält, so wendet er sich gegen Nächstenliebe und Mitleid, weil sie Zeichen von Schwäche sind. Eine große Gefahr besteht für ihn in der Gefühlsansteckung und im Sich-Verlieren an den Mitleids-Affekt:

> Wer einmal, versuchsweise, den Anlässen zum Mitleiden im praktischen Leben eine Zeitlang absichtlich nachgeht und sich alles Elend, dessen er in seiner Umgebung habhaft werden kann, immer vor die Seele stellt, wird unvermeidlich krank und melancholisch. Wer aber gar als Arzt in irgend einem Sinne der Menschheit dienen will, wird gegen jene Empfindung sehr vorsichtig werden müssen - sie lähmt ihn in allen entscheidenden Augenblicken und unterbindet sein Wissen und seine hülfreiche feine Hand. (Nietzsche, Morgenröte 1881, KSA 3, S. 128 Nr. 134)

Eine andere Gefahr sieht Nietzsche darin, dass das Mitleid einer billigen Selbsterhöhung dienen kann. Mancher gefällt sich in der gönnerhaften Geste des Helfens und genießt das Gefühl der Überlegenheit, das der Umgang mit Hilfsbedürftigen vermittelt.

> Aus dem Allen folgt, dass, selbst für den günstigsten Fall, im Leiden etwas Erniedrigendes und im Mitleiden etwas Erhöhendes und Überlegenheit-Gebendes liegt; was beide Empfindungen auf ewig von einander trennt. (Nietzsche a.a.O., KSA 3, S. 131 Nr. 138)

Nietzsches Ablehnung von Mitleid und Nächstenliebe rührt vor allem daher, dass er sie als „schlechte Liebe zu sich selbst" begreift.

> Ihr flüchtet zum Nächsten vor euch selber und möchtet daraus eine Tugend machen: ... Ihr haltet es mit euch selber nicht aus und liebt euch nicht genug. (Nietzsche, Also sprach Zarathustra, 1. Teil 1883, KSA 4, S. 77)

Dieses Weglaufen vor sich selber ist aber der genaue Gegensatz zum Ziel der Selbstvervollkommnung.

Deutung der Mitleidsverachtung

Zusammenfassend lässt sich sagen, dass die Mitleidsverächter folgende Merkmale für schädliches Mitleid namhaft machen: 1. Die Gefühlsansteckung mit der Schwächung der seelischen Kräfte durch Depression, Klagen und Mutlosigkeit sowie die Verführung zu Selbstmitleid. 2. Das Benutzen der leidenden Menschen zur Selbsterhöhung und 3. Die mangelnde Selbstliebe.

Was hier beschrieben wird, sind u. E. Gefühlshaltungen des seelisch-geistig nicht entwickelten Menschen. Es sind die von Alfred Adler beschriebenen Merkmale des sozial mangelhaft entwickelten „nervösen Charakters". Geht man von Max Schelers Personbegriff aus mit den Wesenszügen der Verantwortlichkeit, Willensmächtigkeit und Mündigkeit, muss bei den schädlichen Mitleidsäußerungen auf das Vorhandensein vorpersonaler Strukturen geschlossen werden. Solche Menschen haben noch kein hinreichend stabiles Selbstwertgefühl aufgebaut, so dass sie sich in Jammern und Klagen an das Leiden des anderen verlieren. Das hat für den Mitleidigen den Vorteil, dass er von eigenen Aufgaben abgelenkt ist. Für den Bemitleideten selbst bedeutet es immerhin, dass er mit seinem Leid nicht allein ist. Da es sich jedoch um eine Solidarität auf der Ebene der Schwäche handelt, ist diese Art des Mitleids am wenigsten geeignet, den Mitmenschen wirklich zu helfen, geschweige denn psychotherapeutisch effizient zu sein.

Von der Sinnlosigkeit eines Mitleids, das sich lediglich in lautem Klagen und Bedauern äußert, war auch Theodor Fontane überzeugt. In einem Brief an seine leidende Tochter Mete antwortet er auf ihren Vorwurf, zu wenig Mitleid zu haben, weil er sich mit Maß und Gelassenheit über ihre Krankheit geäußert hat:

> Ein Hauptpunkt in Deinem Briefe betrifft meine Stellung zu Deinem Kranksein. Ich kann mir wohl denken, dass mein Sprechen und Schreiben, meine gesamte Haltung so wirkt, als sähe ich das alles für nicht so schlimm an und dass Dich diese Haltung mehr oder weniger verdrießt. Ich kann Dir aber sagen, dass nicht der geringste Grund dazu vorliegt. Ich sehe Dir's oft an, wie leidend Du bist und wie traurig und unglücklich Du bist, so leiden zu müssen und bei jungen Jahren gar kein Vertrauen mehr zu seinem physischen Menschen haben zu können. Ich sehe das alles und finde es beklagenswert, aber ich lasse es gehen wie es gehen will, weil absolut nichts dagegen zu machen ist. ... Es gibt so vieles, dem wir machtlos gegenüberstehen und dies - und wenn es das Schrecklichste wäre - muss mit möglichst guter Manier getragen werden, von dem Leidenden sowohl wie von der Umgebung. Es ist unsere Pflicht, eine gewisse Hospitalstimmung von uns fern zu halten und nicht in fruchtlose Heulbuberei zu verfallen. Gott sei Dank haben wir - auch die Weichlichsten unter uns - alle diesen Charakter. ... Du hast diese Tapferkeit, und dahin gehört nicht minder das Sich-entschlagen aller Sentimentalitäten, auch von Seiten derer, unter denen ein Kranker lebt. Ein Sich-entschlagen, das etwas ganz anderes ist als Gleichgültigkeit oder Gefühlsmangel. (Fontane 1987, S. 682)

Positive Mitleidsethik

Führt Mitleid zur tätigen Hilfe, wird dies von den Philosophen ethisch höher eingestuft. Die Hilfeleistung - ungeachtet ihres motivationalen Hintergrunds - hat einen Handlungswert an sich und trägt zur Linderung menschlichen Leides bei.

Schauen wir aber auf die Hilfeleistung des Psychotherapeuten, ist die Gesinnung von Bedeutung, aus der heraus die Hilfe geschieht. Basiert das Mitleid auf Solidarität und Aufrichtigkeit, bestehen Chancen zur Befreiung des Patienten von seinen Nöten. Ist das geheime Ziel des Therapeuten aber die Selbsterhöhung, wird es kaum zur Emanzipation des Analysanden kommen. Vielmehr münden solche Konstellationen in ein Ungleichgewicht mit dem Therapeuten oben und dem Analysanden unten. In diesem Fall müssen vorpersonale oder, um mit Freud zu reden, praegenitale Strukturen in der Therapeutenpersönlichkeit angenommen werden. Solche Strukturen entstehen bei geringer Selbstliebe und mangelhaftem Selbstwertgefühl. Kompensatorisch bilden sich dann Fehlformen des Mitleids wie folgenloses Bedauern und gönnerhafte Hilfe heraus.

Im Folgenden sollen die Stimmen der positiven Mitleidsethik zu Wort kommen.

Ein Vorläufer der positiven Mitleidsethik ist Laktanz, der sich zu Beginn des 4. Jahrhunderts gegen die Entwertung des Mitleids durch die Stoiker wehrt. Er sieht im Mitleid ein Gefühl, das allein dem Menschen zuteil wurde, damit er seine körperliche Schwäche gegenüber den Tieren durch gegenseitigen Beistand lindern kann. Das Mitleid erhebt die menschliche Natur über diejenige der Tiere. Nur durch dieses Gefühl werden die Menschen zu gegenseitiger Hilfe, zu Menschlichkeit und Solidarität angespornt. Ohne Mitleid fallen wir nach seiner Meinung wieder auf die Lebensweise der Tiere zurück (vgl. Kronauer 1990, S. 47).

Im 18. Jahrhundert setzt eine umfassende Diskussion über den sittlichen Wert des Mitleids ein. Einer der großen Fürsprecher des Mitleids ist Jean Jacques Rousseau. Er sieht im Mitleid eine grundlegende anthropologische Kategorie. Neben dem Selbsterhaltungstrieb ist das Mitleid das zweite natürliche Prinzip. Es gehört bei Rousseau zur Grundverfassung des Menschen im Stande der Natur, des „homme naturel", der noch nicht von den Missständen der fortschreitenden Zivilisation verformt worden ist. Bei diesem zeigt sich der Mitleidsimpuls als natürliche Abneigung, ein empfindendes Wesen, vor allem seinesgleichen, leiden zu sehen. Rousseau benutzt das Bild vom Menschen „im Stande der Natur" als Kontrast zum vergesellschafteten Menschen, der seine Autonomie und seine Güte in einem von Egoismus und Machtinteresse beherrschten „Gesellschaftszustand" verloren hat. Die Idee einer ursprünglichen Gleichheit der Menschen ist die Grundlage der Mitleidsregung, so dass ihrer nur der von der gesellschaftlichen Ungleichheit nicht betroffene „natürliche" Mensch fähig ist.

> In der Tat, was ist die Großmut, die Milde, die Humanität - wenn nicht das Mitleid, angewandt auf die Schwachen, die Schuldigen oder auf die

> menschliche Gattung überhaupt? Das Wohlwollen und die Freundschaft selbst sind hervorgebracht von einem ständigen Mitleid, das auf ein besonderes Objekt gerichtet ist. (Rousseau, Discours sur l'origine ... 1755, S. 155, zit. n. Hamburger 1985, S. 15)

Wie bei Rousseau so ist auch bei Arthur Schopenhauer Mitleid eine ethische Grundkategorie. Auch Schopenhauer begründet die Mitleidsregung mit der Idee einer ursprünglichen Einheit der Menschen. Das Mitleid entsteht durch Identifikation mit dem Leiden des anderen, aus dem Bewusstsein der Identität alles Lebenden.

> Mein wahres, inneres Wesen existiert in jedem Lebenden so unmittelbar, wie es in meinem Selbstbewußtseyn sich nur mir selber kund giebt. - Diese Erkenntniß, für welche im Sanskrit die Formel tat-twam asi, d.h. ‚dies bist Du', der stehende Ausdruck ist, ist es, die als Mitleid hervorbricht, auf welcher daher alle ächte d.h. uneigennützige Tugend beruht und deren realer Ausdruck jede gute That ist. (Schopenhauer, Über die Grundlage der Moral, 1841 III § 22, zit. n. Kronauer 1990, S. 116)

Wer diese Antwort – „tat-twam asi" – gegenüber jedem leidenden Lebewesen mit klarer Erkenntnis und fester innerer Überzeugung zu sich selber auszusprechen vermag, überwindet seinen Egoismus. Das natürliche Mitleiden ist daher für Schopenhauer die Grundlage der Moral, in ihm wurzeln die Tugenden der Gerechtigkeit und der Menschenliebe. Der egoistische Mensch ist unfähig, sein eigenes Wesen im anderen wiederzuerkennen. Den Beistand anderer erlebt er eher als deren Torheit, die er mit Undank erwidert. Er befindet sich in einer moralischen Isolation, die ihn leicht in Verzweiflung geraten lässt. Anders der mitleidige Mensch:

> Der gute Charakter lebt in einer seinem Wesen homogenen Außenwelt: die Anderen sind ihm kein Nicht-Ich, sondern ein ‚Ich noch Mal'. Daher ist sein ursprüngliches Verhältnis zu Jedem ein befreundetes: er fühlt sich allen Wesen im Innern verwandt, nimmt unmittelbar Teil an ihrem Wohl und Wehe, und setzt mit Zuversicht dieselbe Teilnahme bei ihnen voraus. Hieraus erwächst der tiefe Friede seines Innern und jene getroste, beruhigte und zufriedene Stimmung, vermöge welcher in seiner Nähe jedem wohl wird. (ebd. S. 117)

Ein weiterer Philosoph, der sich mit der Mitleidsproblematik tiefgründig befasst hat, ist Max Scheler. In seiner phänomenologischen Untersuchung der sympathischen Gefühle unterscheidet er echtes Mitleid von der bloßen Gefühlsansteckung. Bei der Gefühlsansteckung erlebt der Mensch das Leid des anderen nicht als dessen Leid, sondern als eigenes Leid. Es handelt sich hier um eine Vermischung von Gefühlszuständen bzw. um den Mangel, eigenes und fremdes Gefühl auseinanderzuhalten. Nur in solchen Fällen geschieht die von Nietzsche so heftig kritisierte Vermehrung des Leidens durch Mitleid. Der wahrhaft Mitleidige erlebt keinen ähnlichen Gefühlszustand, wie ihn der Bemitleidete erlebt. Voraussetzung dafür ist, dass der Mitleidige ein Eigenleben führt, was die Distanz zum anderen ermöglicht.

Das Wesen des Mitleids liegt nach Scheler nicht im „Mit*leiden*" begründet, sondern im „*Mit*leiden". Insofern vermag das Mitleiden bzw. überhaupt das Mitfühlen „wahrhaft unser Leben zu erweitern und uns über die Enge unseres realen Lebens hinauszuführen" (Scheler 1912, S. 60). Im mitfühlenden Hinausgreifen über das eigene Ich überwindet der Mensch die narzisstische Illusion, die eigene Umwelt für die „Welt" selber zu halten. Diese Illusion kommt durch Mitgefühl zum Verschwinden.

> Mit der Gleichwertigkeit 'wird' für uns erst der andere auch gleich real und verliert seine nur 'schattenhafte' und ichbezügliche Existenzform ... Erst die ... Erfüllung der fremden Schattenexistenzen durch das Leben und rote Blut, das erst einem ihnen 'offen' zugewandten Herzen aufgeht ... vermag auch den Egoismus als praktischen Egozentrismus zu beseitigen. (Scheler 1912, S. 70, 71)

Die Fähigkeit, im Mitgefühl das Wesen fremden Seins zu erfassen, ist daher Ausdruck einer „Gesinnungswandlung, Herzenswandlung des Seins der seelischen Realität selbst" und keineswegs bloße „Bewusstseins-Erscheinung" (Scheler 1912, S. 70).

Deutung der positiven Mitleidsethik

Zusammenfassend lässt sich sagen, dass die Befürworter des Mitleids 1. von der Gleichheit aller Menschen ausgehen, 2. die Befähigung zur Identifikation mit anderen bzw. zum spontanen Mitfühlen hervorheben und 3. Kompetenz und Autonomie bei mitfühlenden Menschen voraussetzen.

Die Überzeugung von der angeborenen Gleichheit der Menschen war eine notwendige Voraussetzung für die gesellschaftlich-politisch-ökonomischen Entwicklungen der letzten 200 Jahre. Ohne diese Überzeugung, von der auch die seelisch kranken Menschen nicht mehr ausgeschlossen wurden, hätte sich die moderne Seelenkunde kaum entwickeln können. Gleichheit und Gleichwertigkeit müssen Konstituenten des Menschenbildes eines Psychotherapeuten sein, sollen sich in seiner Persönlichkeit so wesentliche Gefühlshaltungen wie Solidarität und Mitleid herausbilden. Die Annahme, es gebe Unterschiede durch Rasse, Klasse, Religion oder Nation, wäre für die mitfühlend-solidarische Haltung des Therapeuten ein kaum zu überwindendes Hindernis.

Identifikation und Mitleid sind für Schopenhauer die Basis der Moral. Die Wesensverwandtschaft im anderen zu entdecken, sich verbunden zu fühlen, die Nöte und Ängste des anderen überhaupt begreifen zu können, sind Bedingungen echten Mitleids, wie wir es von einem Psychotherapeuten erwarten dürfen. Dieser ethischen Grundregel gerecht zu werden, ist aber für niemanden leicht, auch nicht für den ausgebildeten Psychotherapeuten. Denn nach Schopenhauer geht jeder Mensch ursprünglich von sich aus. Die Mitmenschen sind lediglich Randfiguren und nur insofern von Bedeutung, als sie sein Begehren erfüllen oder ihm widerstreben. Von einer ethischen Haltung können wir erst dann sprechen, wenn ein Mensch bzw. ein Psychotherapeut soviel Egoismus und Machtwillen abgelegt hat, dass er im Analysanden das „Ich noch mal" erleben kann. Mitleid ist dann ein Akt des Gemeinschaftsgefühls, was Adler folgendermaßen zum Ausdruck bringt: „Das Mitleid ist der reinste Ausdruck für das Gemeinschaftsgefühl ... Denn bei diesem Affekt zeigt sich, wie weit ein Mensch fähig ist, sich in die Lage seines Mitmenschen einzufühlen" (Adler 1927, S. 241).

Scheler begegnet dem Schopenhauerschen Mitleidsbegriff allerdings mit Skepsis, weil Schopenhauer das Leiden zu sehr betonte. Er ist aber mit ihm einig in der Annahme einer dem Menschen wesensmäßig gegebenen Befähigung zum Mitfühlen. Auf das spontane mit... kommt es an. Mitfreuen und mitleiden sind Spielarten des Mitfühlens. Diese Gefühlsakte entspringen der Geöffnetheit und Weltzugewandtheit des Menschen. In einer patriarchalischen Kultur sind die Menschen aber eher verschlossen und egozentrisch. Sie nehmen fremde Existenzen nur schattenhaft wahr. Wird ein Mensch jedoch eine Person mit umfänglicher Wahrnehmung und mit Sozialinteresse, wird er auch echtes Mitleid empfinden können. Die Person hat soviel Eigenleben und Selbstbewusstsein, dass sie im Mitmenschen das „Ich noch mal" ohne Bedürfnis nach Symbiose erlebt.

Mitleid und Mitgefühl in der psychotherapeutischen Haltung

Für die Psychotherapie sind solche Erörterungen aufschlussreich, weil sie gestatten, die vielfältigen Mitleidsregungen aufzuschlüsseln. Echtes Mitleid und Mitgefühl ist eben nur bei Personen im Sinne Schelers bzw. bei gemeinschaftsfähigen (Adler) oder genitalen (Freud) Menschen zu finden.

Man ist sich in den klassischen psychotherapeutischen Schulen darüber im klaren, dass die obligatorischen Charakter- und Lehranalysen kaum geeignet sind, die Auszubildenden zu Personalität und Genitalität heranzubilden. Vielmehr bleiben sogenannte Restneurosen, die dann in der psychotherapeutischen Praxis zu spezifischen Problemen führen. Fritz Riemann hat sich in seinem Buch *Grundformen helfender Partnerschaft* dieser Thematik angenommen und bei vier Persönlichkeitstypen die strukturellen Einseitigkeiten herausgearbeitet. Wir wollen diese unter dem Aspekt der Mitleidsthematik behandeln.

Der Therapeut mit hysterischen Strukturanteilen hat eine besondere Gabe, etwas in Gang zu bringen. Durch die Unmittelbarkeit des Kontaktes kommt es bei ihm schnell zur gegenseitigen „positiven Übertragung". Da ihm aber ein gewisser Narzissmus eigen ist, und weil er zu schnell an einen Erfolg denkt, kann er sich nur bedingt einfühlen. Daraus entstehende Komplikationen in der Therapie beantwortet er mit Gekränktheit, was sich wiederum negativ auf sein Mitgefühl auswirkt.

Bei einem Therapeuten mit zwanghaften Strukturanteilen finden sich Vorzüge wie Zuverlässigkeit und Ausdauer. Da er aber ein Verfechter methodischen Vorgehens ist, bleibt es fraglich, ob er der Individualität seiner Patienten gerecht wird. Die Überbetonung der Technik muss zwangsläufig zur Drosselung seines Einfühlungsvermögens führen.

Überdurchschnittliche Einfühlung zeigt dagegen der Therapeut mit depressiven Strukturanteilen. Er hat Geduld und die meiste Achtung vor der Persönlichkeit des Patienten. Aus einem ständigen Schuldgefühl heraus ist er aber zu nachgiebig und verwöhnend. Der Mangel an Festigkeit führt zur Unterforderung des Patienten, was dessen Entwicklung blockiert. Seine Mitleidshaltung ist mit zu viel Bedauern und Trösten verbunden, so dass sie in die Richtung schädlichen Mitleids tendiert.

Beim Therapeuten mit schizoiden Strukturanteilen sind Mitleid und Mitgefühl nur schwach ausgebildet. Er hat zwar oft eine überdurchschnittliche Intuition; da seine Angst vor Hingabe aber sehr groß ist, kann er emotional nicht mitgehen. So bleibt der Patient nicht selten allein. Riemann hält diesen Therapeutentypus für den problematischsten.

Wenn Adler sagt, das Mitleid sei der reinste Ausdruck für das Gemeinschaftsgefühl, und Gemeinschaftsgefühl heiße „mit den Augen eines anderen zu sehen, mit den Ohren eines anderen zu hören, mit dem Herzen eines anderen zu fühlen" (Adler 1964, S. 224), so wird deutlich, dass es allen genannten Therapeutentypen in gewisser Weise an Gemeinschaftsgefühl mangelt. Das Mitfühlen mit dem Patienten, die Identifikation mit ihm und die Einfühlung sind individuell gehemmt. Ihre therapeutische Haltung bedarf einer Korrektur. Diese Tatsache als solche erscheint uns weniger problematisch als die häufig anzutreffende Haltung, es bei einer Charakter- und Lehranalyse bewenden zu lassen. Unterzieht sich der Therapeut nicht in Abständen einer intensiven Supervision, muss man damit rechnen, dass das therapeutische Geschehen entgleist. Anstelle des offenen Miteinander schleicht sich eine unaufrichtige Oben-unten-Beziehung ein, die letztlich für beide ohne Nutzen ist.

Die Problematik des „Hilflosen Helfers"

Wolfgang Schmidbauer hat in seinem Buch *Die hilflosen Helfer* die Motivation helfender Tätigkeit analysiert und dabei Fehlhaltungen entdeckt, die z.B. Psychotherapie erschweren, wenn nicht gar unmöglich machen. Zu den helfenden Berufen (Erzieher, Sozialarbeiter, Lehrer, Arzt, Therapeut) fühlen sich oft Menschen hingezogen, die nach Schmidbauer am sogenannten Helfersyndrom kranken. Solche Menschen haben ein sehr unsicheres Selbstgefühl, weil sie in ihrer Kindheit nicht vorbehaltlos bejaht und geliebt wurden. Nur wenn sie die Idealvorstellungen der Eltern erfüllten, wurden sie akzeptiert. Aus diesem Mangel an narzisstischer Bestätigung resultieren ein ständiges Schwanken zwischen übersteigerten Minderwertigkeitsgefühlen und unrealistischen Größenvorstellungen sowie ein unersättliches Bedürfnis nach Anerkennung und Dankbarkeit seitens der Umwelt. Die narzisstische Bedürftigkeit und die Identifizierung mit den anspruchsvollen Idealen der Eltern (Rücksichtnahme, Selbstlosigkeit, Hilfsbereitschaft, Freundlichkeit) treibt sie zu einem rastlosen Einsatz, bei dem sie oft über die Grenzen ihres physischen und psychischen Leistungsvermögens hinausgehen.

Ihre Angst vor Zurückweisung und Abhängigkeit ist so groß, dass sie keine seelisch befriedigenden gleichberechtigten Beziehungen aufbauen können, in denen Geben und Nehmen auf beide Seiten gleichmäßig verteilt sind. Um eigene Abhängigkeit zu vermeiden, suchen sie Beziehungen, in denen der andere „schwächer" und daher von ihnen abhängig ist. Eine solche Konstellation ist typisch für helfende Tätigkeiten. So ergibt sich das Phänomen, dass ein solcher Arzt, Therapeut etc. seinen Patienten braucht, um sich im seelischen Gleichgewicht zu halten. Daraus resultiert ein der Heilung abträgliches Zusammenspiel. Der Therapeut nimmt eine überbeschützende Haltung ein und tendiert zu einem Übermaß an Zuwendung und Betreuung, wobei er den Schützling unbewusst in der Position des Hilfsbedürftigen festhalten will. Der Patient „begreift" die ihm zugewiesene Rolle, bleibt passiv, schwach und abhängig und lässt den Therapeuten machen, statt selbst Entwicklungsschritte zu unternehmen.

Indem Schmidbauer die unbewussten Motivationen des Helfers freilegt, bestätigt er Nietzsches kritische Äußerungen zum Mitleid. Dieser Typ leidet unter „schlechter Liebe zu sich selbst". Er flüchtet vor sich zum Nächsten und macht noch eine Tugend daraus. Die Quelle seines Tuns ist weniger echtes Mitgefühl als ein steter Drang nach narzisstischer Selbstbestätigung. Werden derartige Mängel bei einem Psychotherapeuten nicht mit der Zeit ausgeglichen, geht das auf Kosten des Patienten.

Am Beispiel des „hilflosen Helfers" wird auch die Bedeutung eines Unterschiedes klar, den Heidegger im Wesen mitmenschlichen Umgangs sieht. Heidegger hat die soziale Struktur des menschlichen Daseins mit den Worten „Dasein ist Mit-Sein" zum Ausdruck gebracht. Eine wesentliche Weise menschlichen Existierens sieht er in der Fürsorge. Er unterscheidet hierbei zwischen „einspringender" und „vorausspringender" Fürsorge (Rattner 1988b, S. 218). Während im Fall der einspringenden Fürsorge dem Mitmenschen die Aufgaben abgenommen und ihm dadurch Entwicklungsmöglichkeiten abgeschnitten werden, wird bei der vorausspringenden Fürsorge der andere als Subjekt respektiert, ihm werden Möglichkeiten des Selbstseins aufgezeigt. Der Therapeut mit Helfersyndrom ist der typische Fall einspringender Fürsorge, die den Patienten auf Dauer abhängig macht. Er setzt zu wenige Impulse für die Selbstentwicklung, weil er unbewusst den Patienten nicht freilassen will. Zu vorausspringender Fürsorge wird ein Helfer nur dann fähig, wenn er in sich selbst ruht, die Ganzheit seines Lebens planend überschauen kann und selbst tüchtig ist.

Die genannten Fehlformen des Mitleids sind nicht nur Ausdruck individueller Lebensschicksale, sondern spiegeln auch den in unserer Kultur vorherrschenden Sozialcharakter wider. Erich Fromm hat als erster darauf hingewiesen, dass der bei allen Menschen einer Gesellschaft anzutreffende Grundcharakter von den vorherrschenden ökonomischen und gesellschaftlichen Kräften geprägt wird. Die entfesselte Wirtschaft unserer Zeit und die von ihren Gesetzen (freier Wettbewerb, entfremdete Arbeit, rastloses Erfolgsstreben) beherrschte Gesellschaft hat den sadomasochistischen Charakter hervorgebracht. Dessen Lebensgefühl wird bestimmt durch Gefühle der Isoliertheit, Ohnmacht, Bedeutungs- und Hilflosigkeit. Er sieht keine Möglichkeit, sich mit der Welt in Liebe und tätigem Leben zu verbinden und dadurch er selbst zu werden. Vielmehr will er die Schwäche seines Selbst dadurch ausgleichen, dass er Macht über andere sucht oder sich anderen masochistisch unterwirft (vgl. Fromm 1941, S. 142 ff.).

Wir müssen also davon ausgehen, dass bei der Mehrzahl der Mitglieder unserer Gesellschaft - also auch bei Therapeuten - derartige Tendenzen anzutreffen sind. Ein Therapeut muss sich daher stets aufs Neue prüfen, inwieweit sein Mitgefühl echt ist oder eher eine Rationalisierung für seine sadomasochistischen Bedürfnisse.

Schlussbetrachtung

Die Auseinandersetzung mit den vielfältigen Äußerungen zu Mitleid und Mitgefühl hat gezeigt, dass keine von der Hand zu weisen ist und alle zusammen erst ein umfassendes Bild der Mitleidsthematik ergeben. Werden die von den Autoren beschriebenen Mitleidsregungen nicht isoliert gesehen, sondern jeweils als Ausdruck personaler Entwicklung, stellt sich ein Sinnzusammenhang her. Je nach dem Entwicklungsstand eines Menschen ergibt sich eine andere Mitleidsregung - vom zerfließenden Mitleid des Jammerns und Klagens beim unstrukturierten Charakter über das Helfen aus Gründen der Kompensation bis hin zum Mitgefühl der entwickelten Persönlichkeit, der eigentlichen solidarischen Haltung.

Ein gesundes, in der Therapie hilfreiches Mitgefühl kann sich daher nur entfalten, wenn der Therapeut an der Entwicklung seiner Persönlichkeit arbeitet und eine gewisse Reife, Individualität und Eigenständigkeit erwirbt. Dazu gehört nicht nur ein breites Gefühlsspektrum mit Wohlwollen, Geduld, Liebenswürdigkeit, Humor, Großmut und ähnlichen Abschattungen des Eros, sondern auch die Erarbeitung eines Standpunktes in der Kultur. So wird er in der Lage sein, unabhängig von seiner therapeutischen Arbeit ein eigenes Leben zu führen mit Partnerschaft, freundschaftlichen Beziehungen und kulturellen Aktivitäten. Nur auf diese Weise kann sich der Therapeut gegen die Gefahren der Gefühlsansteckung und der symbiotischen Verstrickung, die nun einmal mit der therapeutischen Situation verbunden sind, schützen. Der Analysand erhält soviel Zuwendung und Mitgefühl, wie ihm gebührt, aber nicht mehr.

Schamaffekte und Schamgefühle – Dynamik, Wesen und Psychotherapie (mit Fallbeispielen)

Von der Dynamik zwischen Scham und Selbstwertgefühl

An sich sind Schamszenen alltäglich und treten nicht nur bei fragwürdigen Gedanken und Handlungen auf. Sie zeugen von einer momentanen oder dauerhaften Spannung zwischen Ich und Ideal. Der freundliche Gruß gegenüber einer sich plötzlich als fremd erweisenden Person kann Scham hervorrufen, ebenso eine Verlegenheit angesichts großen Lobes, ungewolltes Erröten, ein unerwidertes Liebesgeständnis oder die unfreiwillige Komik beim Ausrutschen, peinlich enthüllende Versprecher oder Hänseleien usw. So häufig Scham auftritt, so verschiedenartig sind die Auslöser. Man schämt sich für eine offensichtliche Schwäche, für einen gemachten Fehler oder einen gefühlten Makel. Schamgefühle deuten auf eine Verletzung des Selbstgefühls (Hilgers 1996, S. 14 f.).

Zwischen Schamgefühlen und dem Selbstwertgefühl besteht eine fragile, leicht zu störende Dynamik. Schamgefühle sind ein Signal für ein herabgesetztes oder bedrohtes Selbstwertgefühl und entstehen z.B. in einer Situation, in der etwas offenbar wird, was wir vor anderen verbergen möchten, weil es uns bloßstellen oder lächerlich machen könnte. Das Schamgefühl ist ein recht unangenehmes und unlustvolles Gefühl, woraus es auch seine motivationale Kraft bezieht. Es soll uns veranlassen, Handlungen, die unsere Wertigkeit und Selbstachtung gefährden, zu unterlassen oder zu korrigieren. Von daher könne man, in Analogie zur Signal-Angst, auch von einem Signal-Schamgefühl sprechen, worin sich aber die „normale" und ungestörte Funktion des Schamgefühls dokumentiert. Das Schamgefühl ist quasi ein Wächter unseres Selbstwertgefühls und es meldet sich, wenn Veränderungen des eigenen Verhaltens notwendig sind, um unsere Wertigkeit zu bewahren. Sehr oft kommt es aber zu einer Störung dieser Funktion (Mentzos 2012, S. 36).

Eine Störung der Schamfunktion ist dann zu vermuten, wenn in einer ethisch fragwürdigen Handlungssequenz die zu erwartende Schamreaktion ausbleibt. Da Scham ein so schwer zu ertragendes Gefühl ist, besteht bei entsprechender Charakterstruktur die Tendenz, sie der Verdrängung anheim zu geben. Damit erspart sich der Betreffende das Erlebnis der Scham, aber für seine Wahrhaftigkeit bleibt die Verdrängung nicht ohne Folgen. In anderen Störungsbildern wird das Schamgefühl übermäßig produziert wie bei der Erythrophobie, oder es persistiert wie bei übergroßer Schüchternheit. Dann wird das Schamgefühl entweder leidend ertragen, oder es wird aktiv abgewehrt durch die Flucht, oder durch weniger unlustbetonte Affekte wie Wut. Wut katapultiert den Schamvollen in einen kraftvollen, expansiven Zustand, was besser zu ertragen ist als das Niedersinken des Ich-Gefühls in der Scham. Wut ist subjektiv ein besseres Gefühl, da sie scheinbar der Selbstbehauptung dient. Objektiv gesehen, ist Wut sehr problematisch, besonders wenn sie habituell auftritt. Dann ist sie eine Gefahr für die Integrität des gesamten Organismus.

Über die Entstehung und Bedeutung von Scham äußert sich Freud dahingehend, dass Kinder bis zum 3., 4., 5. Lebensjahr mehr oder minder *schamlos* sind. Sie springen gerne nackt herum, ohne ein Unrechtsempfinden zu haben. Erst unter dem Einfluss einer spezifischen Schamerziehung lernt das Kind, dass es etwas zu verbergen hat. In der phallischen Phase der Libidoorganisation kommt der Schamaffekt eigentlich zum Tragen. Nun wissen die Kinder, dass sie gewisse Organe und Körperfunktionen nicht öffentlich zur Schau stellen dürfen. Die Scham wird als Abwehrmechanismus ins Seelenleben eingebaut und ist unmittelbar benachbart zum Ekel und zur Angst. Werden die drei Affekte zu einer Bastion im Ich, können sich sexuelle und andere Regungen nicht frei entfalten. Sie werden in Schach gehalten. Scham führt zu heftigen psychophysischen Reaktionen wie Erröten, Erblassen, Herzklopfen oder fast zum Herzstillstand, wobei der beschämte Mensch Vernichtungsgefühle erlebt. Freud übersah jedoch die natürliche Scham, die kaum mit Sexualität zu tun hat. Niemand möchte gern in entwürdigenden Situationen beobachtet werden. Diese Art von Scham ist auf die Integrität des Ich ausgerichtet. Man kann sie Ehrgefühl und Selbstwertstreben nennen (Rattner 1994, S. 296).

In der phallischen Phase geht es für das Kind darum, gewisse Organe und Körperfunktionen vor der Öffentlichkeit nicht zu zeigen, in mancher Hinsicht also Zurückhaltung zu üben. Andererseits besteht in dieser Phase die Anforderung, sich als kleine Person mit dem, was sie bereits gelernt hat, zu zeigen, sich ihrer Körperlichkeit nicht zu schämen und spontan Kontakt aufzunehmen. Ist ein Kind weniger gehemmt, wird es sich freimütig äußern und auf das Interesse und Wohlwollen seiner Um- und Mitwelt vertrauen. Da wäre zu viel an Scham eher hinderlich. Unter zu großem Erziehungsdruck entstehen aber leicht Gehemmtheit, Minderwertigkeitsgefühl und Schüchternheit. Schamaffekte und Schamhaftigkeit sind dann sowohl offensichtlich, als auch tief verborgen. Die adäquate Schamerziehung ist eine Kunst, sie ist eher selten und ein Glücksfall.

Ein Fall von verdrängter Scham

Ist die Rede von Schamaffekten und Schamhaftigkeit, denkt man unwillkürlich an Menschen, deren charakterliche Hauptmerkmale Erröten und Schüchternheit sind. Bei ihnen bedarf es nur weniger, meist harmloser Reize, um Schamreaktionen hervorzurufen. Es gibt aber ebenso viele Menschen, die sich in sittlich-ethischer Hinsicht durchaus fragwürdig verhalten – man denke nur an Korruptions- oder Finanzskandale – und doch keinerlei Schamgefühl zeigen, selbst wenn ihre Verfehlungen offensichtlich sind. In der Psychotherapie begegnen wir Kindern, die stehlen und lügen, aber jede Schuld leugnen. Sie gelten in der Familie und in der Schule als Problemfälle und werden kinderpsychotherapeutisch behandelt. Wir wollen uns einen solchem, von Riemann dargestellten Fall mit histrionischen Merkmalen zuwenden.

Eine Schulklasse sollte eine Sammlung für einen wohltätigen Zweck durchführen. Jede Schülerin bekam eine Sammelliste und eine Anzahl von der Klasse hergestellter Abzeichen, die zu verkaufen waren. Die 13-jährige Inge ging mit dem ihr eigenen Charme und ihrer Unbefangenheit auf die Leute zu, so dass jeder das Gefühl hatte, man könne ihr nichts abschlagen. In kurzer Zeit waren die Abzeichnen verkauft und recht schöne Beträge zusammengekommen. Danach verspürte sie den intensiven Impuls, sich etwas Gutes zu tun, so quasi als vorweggenommene Belohnung. Sie spürte einen unbezähmbaren Appetit auf etwas Süßes. Sie nahm von dem eingenommenen Geld und kaufte sich Süßigkeiten, mit der vagen Vorstellung, sie werde das schon „irgendwie" in Ordnung bringen. Am nächsten Tag sollten die Listen und Gelder abgeliefert werden. Was tun? Sie ging zur Lehrerin und bat um weitere Abzeichen, um auch diese noch zu verkaufen. Dummerweise habe sie heute die bereits eingesammelten Gelder vergessen. Sie bekam neue Abzeichen, und so war Zeit gewonnen. Aber bald kam der Tag der Abrechnung und ihre Situation war unverändert. Sie ging zur Wohnungsnachbarin und fragte, ob diese ihr nicht den entsprechenden Betrag leihen könne – sie müsse ein paar Schulhefte kaufen, und die Mutter schliefe gerade. Sie bekam den Betrag und konnte die Sammelgelder vollzählig abgeben. Die Nachbarin und der geschuldete Betrag wurden vergessen, in der leisen Hoffnung, dass durch eigenes Nicht-daran-Denken auch die Nachbarin es vergessen könnte. Ihr Denken folgte der Formel: ‚Was ich nicht sehe und nicht anerkenne, ist eben nicht vorhanden'. Die eigentliche Unterschlagung wurde ohne störende Scham- oder Schuldgefühle vergessen. Im Gedächtnis blieb: Sie habe von der Nachbarin einen kleinen Betrag ganz legal geliehen. Wenn die Nachbarin nach dem Geld fragen sollte, kann sie sich entschuldigen, sie habe es ganz vergessen, was doch jedem passieren kann. Nach einigen Tagen wendete sich die Nachbarin an Inges Mutter, und die ganze Sache kam zu einer sicherlich sehr peinlichen Aussprache (Riemann 1970, S. 96-118).

Was an diesem Fall auffällt, ist die Art, sich eine Situation so zu recht zu legen, dass sie den eigenen Bedürfnissen entspricht. Dabei wird die Bahn rationalen und folgerichtigen Denkens verlassen und die vage Zielvorstellung, *die Sache irgendwie wieder in Ordnung bringen*, gerechtfertigt. Anstelle von Scham- und Schuldgefühlen wird eine *Verschiebungstendenz zu magischem Denken* sichtbar, unter dem die Realität dehnbar und biegsam wird und die Logik der Wirklichkeit nicht mehr gilt. Dazu gehört, die Augen zu schließen und auf ein Wunder zu hoffen. Solche unbestimmten Erwartungsvorstellungen haben histrionische Menschen virtuos ausgebildet. Sie hoffen, sich damit den Forderungen und Bedingungen der Wirklichkeit zu entziehen.

Auffällig ist auch der scheinbare Ausfall von Schamreaktionen während der doch recht langen Handlungssequenz, die erst durch das Eingreifen der Nachbarin ein für Inge unangenehmes Ende findet. Zwar informiert uns der Autor nicht ausdrücklich über den Verlauf der Auseinandersetzung zwischen Inge und ihrer Mutter nach der Aufdeckung, aber denkbar wären verschiedene Reaktionen. So in die Enge getrieben, könnte es zu einem massiven Schamaffekt mit einem Schuldbewusstsein und dem dazu passenden Unrechtsbewusstsein kommen. Denkbar wäre aber auch eine Abwehr der Scham mit trotzigem Leugnen und Uneinsichtigkeit. Die Reaktionen hingen von der Intensität der Beziehung zur Mutter ab, von deren pädagogischem Geschick sowie vom Charakter des Kindes.

Das Schamgefühl wird in diesem Fallbericht nicht ausdrücklich thematisiert, aber man kann davon ausgehen, dass es sich an verschiedenen Punkten der Handlungssequenz gemeldet hat, denn das Schamgefühl liegt stets auf der Lauer und besonders im Fall einer unkorrekten Handlung. Aber nicht jeder nimmt das wahr, oder er will es nicht wahrnehmen.

Schamaffekte und Schamgefühle in der Therapie

Von allen Affekten ist der Schamaffekt einer, der das Mark einer Person erschüttert. Er rüttelt am Selbstwertgefühl, und je jünger eine Person und je geringer ihr Selbstwertgefühl, umso stärker wird der Affekt wie die Vernichtung des eigenen Selbst erlebt. Da nimmt es nicht Wunder, wenn der Beschämte den Affekt so schnell wie möglich aus seinem Bewusstsein verbannt. Das probateste und häufigste Mittel ist die Abwehr durch Verdrängung. Auch der vom Wutaffekt überdeckte Schamaffekt ist eine effektive Abwehrmethode. Der Beschämte „befreit" sich, indem er zum Gegenangriff übergeht. Sind Kinder häufiger Beschämung und Bloßstellung ausgesetzt, werden ihre Schamaffekte zu Bausteinen im Charakteraufbau. Schamgefühle und Schamhaftigkeit prägen dann das Charakterbild, was immer eine gespannte und ängstliche Haltung zum Leben bedeutet. Schamhafte Patienten offenbaren eine Fülle von Ausweichbewegungen, mit denen sie sich Entlastung verschaffen.

Schamaffekte und -Gefühle treten in vielen Alltagssituationen auf, verursachen Unruhe und Aufregung, lösen sich aber bald wieder auf. In der Psychotherapie hingegen können intensive und persistierende Schamaffekte zum Hemmschuh werden. Sie können eine Therapie zum Stocken bringen, zum Abbruch führen und sogar negative therapeutische Reaktionen hervorrufen.

Entschließt sich ein Patient, eine Psychotherapie aufzusuchen, weil er wesentliche Lebensbereiche offenbar nicht mehr allein bewältigen kann, ist schon das eine Schamquelle für sich. Sein Selbstbild hat einen Riss erlitten, weil sein Leben nicht mehr dem System seiner Wertvorstellungen entspricht. Sein Selbstwertgefühl ist ins Wanken geraten. So wird bereits das Erstinterview begleitet von Intimitätsscham, wie auch die weitere Entwicklung des Therapieprozesses von der Schamproblematik abhängt. Man muss wissen, dass ein akut sich schämender Mensch zu allen möglichen Verhaltensweisen neigen kann, die einen ersten guten Eindruck geben, aber nicht unbedingt seine individuelle Beziehungsgestaltung offenbaren. Die Aufnahme einer Psychotherapie bringt zweifellos eine Reihe Scham auslösender Faktoren mit sich: Die Annäherung an einen psychologisch kompetenten Menschen, der u.U. weitreichende Entscheidungen (mit)trifft, die Mitteilung peinlicher, lang gehüteter

Geheimnisse, das Sichtbarwerden unbewussten Materials, die Rechtfertigung der Therapie vor sich und anderen. Alle diese Faktoren erzeugen innere Spannungen, die sich eventuell in skurrilen, aggressiven, sexualisierten u.a. Verhaltensweisen äußern können (Hilgers 1996, S. 45 f.).

In den aufdeckenden psychotherapeutischen Verfahren sollen die Patienten Einsicht in ihr Erleben, Verhalten und ihre Handlungsweise erhalten. Der Mut, die neu erworbenen Einsichten auch in ihr Leben zu integrieren, hängt von der vertrauensvollen Beziehung zum Therapeuten ab. Jede Einsicht über sich selbst, die Neues und Unbekanntes zutage fördert, kann zu Schamgefühlen führen und über Widerstände oder produktive Zusammenarbeit entscheiden. „Dass der das sieht und ich hab`s noch nicht mal geahnt!". So drücken Patienten ihre Scham aus, gesehen zu werden, wo sie selbst blind waren. Hilgers plädiert daher dafür, die Therapie so zu gestalten, dass der Patient mit maßvollen Schamgefühlen konfrontiert wird, die genügend Anreiz bieten, Veränderungen vorzunehmen. Schamgefühle und Stolz sind alltägliche affektive Reaktionen. Sie geben, das Wachstum einer Person betreffend, anregende Impulse. Traumatische Schamerlebnisse dagegen sind für das Ich eine Katastrophe. Sie machen Psychotherapie evtl. sehr kompliziert oder gar unmöglich. Es kann in der Psychotherapie aber nicht um die Vermeidung jeglicher Schamempfindungen gehen, da angemessene Schamgefühle und ein gewisses Maß an Stolz durchaus entwicklungsfördernd sind und die Aufrichtung von Selbstgrenzen und Identität befördern. Die Diskrepanz zwischen Ist-, Soll- und Ideal-Zuständen kann nie ganz aufgehoben werden, aber es kann durch Psychotherapie eine gesunde Spannung zwischen den genannten Bewusstseinssphären entstehen, die permanente Selbstentwicklung gestattet. Daher ist hinsichtlich Indikation und Prognose einer Psychotherapie auf die Art und Stärke der Schamgefühle zu achten.

Bemerkenswert ist, dass Patienten mit Größenideen kaum Schamerlebnisse haben, da sie das Auseinanderklaffen von Sein und Ideal bei sich nicht wahrnehmen. Sie verfügen auch nicht über die natürliche Spannung zwischen Schamgefühlen über einen Ist-Zustand und einem ersehnten Ideal-Zustand. So fehlt ihnen auch die Motivation, notwendige Lernschritte zu machen. Die vorhandene Diskrepanz wird verleugnet oder mit falscher Zuversicht überbrückt.

Ein nicht ungewöhnlicher Fall

Ein Grafiker besuchte den Therapeuten, weil er in der Beziehung zu einer Frau, die er seit einigen Monaten kannte, impotent geworden war. Dies hatte ihn umso mehr überrascht und geschockt, als er auf sexuellem Gebiet früher nicht nur keine Schwierigkeiten, sondern im Gegenteil eine Unzahl von ‚Eroberungen und Trophäen' aufzuweisen hatte und sich deswegen besonders männlich, potent und bei Frauen erfolgreich glaubte. Bald erfuhr der Therapeut, dass der Patient in den zurückliegenden Jahren in fast süchtiger Weise alle zwei bis drei Wochen eine neue Frauenbekanntschaft gemacht hatte. Kaum war eine dieser jungen Frauen ‚erobert', erlahmte sein Interesse an ihr, und er musste sich nach einer weiteren umsehen. Erst einige Monate vor dem Besuch beim Therapeuten sei es ihm ‚passiert', dass er bei einer Frau ‚hängen blieb'. Er fühlte sich sehr verstanden und verspürte zum ersten Mal den Wunsch nach einer dauerhaften Beziehung. Dabei stellte sich heraus, dass das nicht so einfach war, wie er gedacht hatte. Zwar stand die junge Frau weiterhin zu ihm, aber zuletzt spürte er bei dieser Freundin, obwohl er sie schätzte und sehr mochte, überhaupt keine sexuelle Erregung mehr (Mentzos 2012, S. 71 ff.).

Solange er emotional unbeteiligt war, konnte er sich vormachen, ein großer Liebhaber zu sein. Im Moment der Zuneigung versagte die Konstruktion. Der Schock, seinem Selbstbild nicht zu entsprechen und sichtbar zu versagen, musste massive Schamgefühle auslösen und in erotischer Hinsicht den völligen Rückzug einleiten.

Andererseits tun sich auch Patienten mit *permanent starken Schamgefühlen*, die zu Rückzug und Idealisierung anderer neigen, in der Psychotherapie schwer. Sie werden von ihren Schamgefühlen überwältigt und treten evtl. die Flucht aus der Therapie an. Für Psychotherapie sind eher die Patienten geeignet, die zwar Schamgefühle erleben, deren Ausmaß das Ich aber nicht zu überschwemmen droht.

Hilgers weist auf den Problemfall hin, wenn *Deutungen überraschend*, zu früh oder taktlos erlebt werden, oder auch sind. Das kann zu Entsetzen, wütendem Agieren oder depressivem Rückzug führen. Er warnt auch vor plötzlichen Tiefendeutungen, auf die der Patient nicht genügend vorbereitet wurde. Tiefendeutungen sind dann nicht nur wirkungslos, sondern ausgesprochen kontraproduktiv. Die Neigung, Schamgefühle schnell zu aktivieren, schwächt sich mit wachsender Autonomie ab, und was zu Beginn einer Therapie wegen anbrandender Schamgefühle noch nicht besprochen werden konnte, wird im Laufe einer Therapie kommunizierbar (Hilgers 1996, S. 63 ff.).

Ein ebenfalls heikler Punkt in der Therapie von schamhaften und schüchternen Menschen ist die *Sexualität*. Die Hemmung des Sexuellen durch Religion, Sitte und Moral haben seit Jahrtausenden eine Tabuzone geschaffen. Nicht nur tiefe Scham hat das Sexualleben gelähmt, sondern auch Angst vor dieser unkontrollierbaren Leibfunktion und Ekel.

Besonders in der Sexualität können zu starke Schamgefühle die psychophysische Annäherung an einen Liebespartner zur Qual machen, was Rattner mit einem literarischen Beispiel anschaulich macht:

> Im seinerzeit vielgelesenen Roman von Tomasi di Lampedusa ‚Der Leopard', der 1958 erschien, schildert der Autor das Leben seines Ahnen Don Fabrizio, Fürst von Salina, der in der Mitte des 19. Jahrhunderts in der Nähe von Palermo am Schicksal seiner bewegten Zeit teilhat. Don Fabrizio ist ein Vollblutmensch, der mit einer hysterischen Frau verheiratet ist, welche seinen sexuellen Ansprüchen in keiner Weise genügt. Daher macht der Fürst gelegentlich Ausflüge in die Hauptstadt, wo er eine leidenschaftliche Geliebte hat. Das geht nicht ohne Reue und Selbstvorwürfe ab. Aber er beruhigt sein Gewissen, indem er sich sagt: ‚Ich bin noch ein kräftiger Mann; wie soll ich mich begnügen mit einer Frau, die sich im Bett vor jeder Umarmung bekreuzigt und hernach, in den Momenten größter Erregung, nichts zu sagen weiß als: Jesus Maria!' (Rattner 1995, S. 3)

Wesenszüge von Schamhaftigkeit und Schüchternheit

Die Psychotherapie von sehr schamhaften Menschen ist eine schwierige Aufgabe, weil Schamhaftigkeit kein einzelnes Symptom ist, wie es die Patienten gern sähen, sondern eine gewachsene Struktur mit vielen Facetten, die *alle* der Aufmerksamkeit des Therapeuten bedürfen.

Schamhafte Menschen, auch Schüchterne gehören hierher, erleben aufgrund entmutigender Erlebnisse in der Kindheit die Welt fremd und feindlich. Sie sind abgeschreckt und entwickeln den Hang, bei sich zu bleiben. Sie streben Autonomie und Autarkie an, ein Ideal, das aber im Zusammenleben der Menschen störend wirkt. Der Blick der Anderen (Sartre) oder gar eine Mittelpunktstellung lösen bei ihnen Scham und Panik aus.

Im Umgang mit Menschen gerät ein Schamhafter zu leicht in ein Gefühl der Unterlegenheit. Er ist schnell bereit, die Überlegenheit anderer anzuerkennen. Da er sich wenig in der Auseinandersetzung erprobt hat, lässt er anderen den Vortritt und stellt sein Licht unter den Scheffel. Es beschäftigt ihn zu sehr, was andere über sein Leben und Verhalten denken könnten.

Wenn schüchtern-schamhafte Menschen es über sich bringen, zu expandieren, neigen sie zu Perfektionismus. Dann wollen sie fehlerlos und vollkommen sein, womit sie ihr Vorhaben erschweren und oft unmöglich machen. Sie kommen aus einer strengen, moralischen Erziehung voller Hemmung und Verängstigung. Die tiefe Verunsicherung beantworten sie mit einem Vollkommenheits-Ideal, das aber in der Liebe, Sexualität und im sozialen Leben lähmend wirkt. Weil sie sich nicht spontan und authentisch geben können, sind ihre Aktionen angestrengt und eher zögerlich, halbherzig und nicht eindeutig (vgl. Rattner 1995, S. 13 f.)

Ein schüchterner Held: Tolstoj

In seinem autobiografischen Roman *Kindheit-Knabenalter-Jünglingsjahre* berichtet der Ich-Erzähler, mit Namen Nikolenka Irtenjew, aus seiner Kindheit und Jugend. Nikolenka ist ein zehnjähriger Knabe mit intensivem Innenleben, außergewöhnlicher Beobachtungsgabe und dem starkem Wunsch, zu expandieren, zu glänzen und zu triumphieren. Dem steht aber eine erhebliche Schüchternheit im Wege. Beim Geburtstag der Großmutter in Moskau, wo Nikolenka mit dem Vater, dem Erzieher Karl Iwanowitsch und dem älteren Bruder Wolodja zu Besuch ist, wird die Hemmung augenfällig. Beim Vorlesen eines kleinen, von ihm selbst verfassten Gedichtes vor der Geburtstagsgesellschaft verstummt er. Er glaubt, vor Scham zu versinken, während er die typischen Symptome und Gefühlsstürme der Schüchternheit erleidet. Er erinnert sich an diese schreckliche Szene:

> Als wir näher traten, ... fühlte ich plötzlich den schweren Druck einer unüberwindlichen, beklemmenden Schüchternheit, und da ich merkte, daß ich nie den Mut haben würde, mein Geschenk zu überreichen, versteckte ich mich hinter Karl Iwanowitsch, der die Großmutter mit sehr gewählten Worten beglückwünschte, ... Wolodja überreichte seinen Türken und erntete ... höchst schmeichelhaft Lobsprüche. Nun kam ich an die Reihe: Großmutter sah mich mit ermunterndem Lächeln an.
>
> Der letzte Rest von Mut und Entschlossenheit schwand bei mir in dem Augenblick, als Karl Iwanowitsch und Wolodja ihre Geschenke überreicht hatten, und meine Schüchternheit steigerte sich bis zum äußersten: ich fühlte, wie mir das Blut unaufhörlich vom Herzen in den Kopf strömte, wie mein Gesicht abwechselnd rot und blass wurde und wie mir

dicke Schweißtropfen auf die Stirn und auf die Nase traten. Meine Ohren glühten, ich fühlte, dass mein ganzer Körper zitterte und feucht wurde, trat von einem Fuß auf den anderen und rührte mich nicht vom Fleck.

‚Na, zeig doch, Nikolenka, was du hast?' ... sagte Papa zu mir. Es war nichts zu machen: mit zitternder Hand überreichte ich die zerknitterte verhängnisvolle Rolle, aber die Stimme versagte mir vollständig den Dienst, und ich stand stumm vor der Großmutter. Ich verlor völlig die Fassung bei dem Gedanken, dass statt der erwarteten Zeichnung nun meine verunglückten Verse zum Vorschein kommen und vor aller Ohren vorgelesen würden, ...

Wie soll ich die Qualen schildern, die ich empfand, als die Großmutter mein Gedicht vorzulesen begann, als sie an einer Stelle, die sie nicht entziffern konnte, mitten in der Zeile innehielt und Papa mit einem Lächeln ansah, das mir damals spöttisch vorkam, und als sie nicht so betonte, wie ich es gewollt hatte, als sie wegen ihrer schwachen Augen Papa das Blatt gab, ohne es zu Ende zu lesen und ihn bat, ihr alles ganz von vorn vorzulesen. Ich glaubte, sie tue das nur, weil es ihr zuwider sei, so schlechte, schief geschriebene Verse zu lesen ... Als alles vorgelesen war, sagte Großmutter: ‚Charmant!' und küßte mich auf die Stirn. (Tolstoj 1923, S. 68 f.)

Weitere Wesenszüge von Schamhaftigkeit und Schüchternheit

Schamhafte Menschen haben große Mühe mit der Hingabe, die sie als Hergabe (Schultz-Hencke) erleben. Ihre Hingabestörung äußert sich vorwiegend in der Liebe und Sexualität, ist aber auch in allen anderen Belangen spürbar. Die gefühlsmäßige Enge kann sich ebenso in Geldfragen äußern wie in allgemeiner Handlungsschwäche und umfassender Daseinsangst.

Wie in allen Neurosen ist auch bei schamhaft-schüchternen Menschen eine Werdenshemmung (von Gebsattel) festzustellen. Ihre ganze Energie fließt in den Kampf gegen das Erröten und für das Ersinnen von Vermeidungsstrategien. So müssen fällige Entwicklungsschritte unterbleiben. Ihre Zukunft hat wenig Perspektive, sie liegt in unbestimmtem Dunkel. Da jegliches Werden auch ein Mit-Werden (Minkowski) ist, ist Personentfaltung ohne lebhafte Auseinandersetzung mit den Mitmenschen und der Welt nicht möglich. Das dialogische Prinzip gehört zur menschlichen Ausstattung und kann nicht leicht umgangen werden, ohne dass seelischer Schaden entsteht.

Schamhaft-schüchterne Menschen haben Mühe, zügig und kräftig zu handeln. Sie leiden an einer Handlungsphobie. Ohne wenn und aber vorgefasste Pläne auszuführen, würde sie ins Leben hineinziehen und sie lehren, dass alle Befürchtungen halb so schlimm sind. Es würde ihr Selbstvertrauen und ihren Mut für weitere Taten stärken. Aber die Angst vor dem Verlust von Übersicht und Kontrolle hält sie zurück. So gehören auch Bequemlichkeit und Riesenerwartungen (Schultz-Hencke) zu den Wesenszügen der Schamhaftigkeit.

Überblickt man die hier erörterten Facetten der Schamhaftigkeit, ist nicht verwunderlich, dass schüchterne und schamhafte Menschen zu einer misanthropisch-konservativen Weltanschauung neigen, was in der Therapie unbedingt beachtet werden sollte. Mitunter spielt auch die Religion eine Rolle, die mit ihrer Tendenz, das diesseitige Leben zu entwerten, schamhaften Menschen entgegenkommt. Gelingt es, ihre Weltanschauung lebensfreundlicher zu machen, hat das positive Folgen für ihre Lebensgestaltung. (Rattner 1995, S. 13 f.)

> Man darf und soll eben mit den Patienten auch ‚philosophieren', das haben Freud, Adler und Jung mit ihren Patienten und Schülern ausgiebig getan, und der Erfolg war größer als beim heutigen ‚Praktizismus', der die niedere Ebene der Privatprobleme nicht zu verlassen wagt. (Rattner 1995, S.16)

Kann in der Therapie ein Zugang zum Hintergrund der Schamsymptomatik erarbeitet werden, bekommt der Patient ein Arbeitsprogramm in die Hand, mit dem er sich aus seinen Schwierigkeiten herauswinden kann. Um sich auf Dauer von lästigen Schamaffekten und peinlichem Erröten zu befreien, bedarf es der Einsicht, Geduld und Ausdauer, denn das Arbeitspensum für die Umstrukturierung der Persönlichkeit ist – wie gesehen – groß.

Das Willens-Schuld-Problem in Psychologie und Psychotherapie von Otto Rank

Es gibt von Otto Rank drei Behandlungsschriften, die unter dem allgemeinen Titel *Technik der Psychoanalyse I, II, III* (1926, 1929, 1931) veröffentlicht sind. Während Band I zu den Schriften der Übergangsphase gehört, sind Band II und III nach der Trennung von Freud entstanden. Die therapeutischen Fragen werden nun vom Standpunkt seiner Willens-Bewusstseinspsychologie behandelt. Wir stützen uns in diesen Ausführungen im Wesentlichen auf Band II, der den Untertitel „Die analytische Reaktion in ihren konstruktiven Elementen" trägt.

Rank erörtert in dieser Schrift eine Fülle therapeutischer Fragestellungen, mit denen ein Psychotherapeut täglich konfrontiert ist, wie etwa: Ist Psychotherapie eine erlernbare Technik oder eine Kunst? Wie muss die Therapeutenpersönlichkeit beschaffen sein? Entsteht Heilung durch Erkenntnis oder Erlebnis? Wie steht es mit dem Gesundungswillen der Patienten? Es kommen auch die Vergangenheitsorientierung der Patienten, ihre grenzenlose Sehnsucht nach Anerkennung sowie ihre Schwierigkeiten mit der Individualität zur Sprache. Auch das Kleben an Beziehungen und das gegenseitige Schicksal- Spielen in der Therapie werden als Manifestationen eines Willens-Schuldkonflikts und des Willens-Bewusstseinskonflikts neu interpretiert und machen weitere Facetten im Verständnis psychotherapeutischer Probleme sichtbar.

Psychotherapie – eine Kunst

Schon gleich zu Beginn seiner Ausführungen wird der Begriff einer „Technik" der Psychoanalyse von Rank hinterfragt. Der „Nervöse" sei kein Kranker im medizinischen Sinne, sondern eine Individualität, die in ihrer Persönlichkeitsentfaltung gestört ist. Daher gibt es keine allgemein wirksame Behandlungsmethode wie in der Medizin und auch keine im Detail beschreibbare Technik, die für alle nervösen Individualitäten Heilung brächte.

Das einzige Heilmittel in der Psychotherapie ist nach Ranks Auffassung ein anderer Mensch, nämlich der Psychotherapeut, auf den der Hilfesuchende reagiert. Es hängt fast alles vom persönlichen Verhältnis der beiden ab. Wie muss aber die Psychologie des Psychotherapeuten beschaffen sein, damit von ihm eine Heilwirkung ausgeht? Rank hält nicht allzu viel von der „Analyse des Analytikers". Zwar braucht ein Psychotherapeut weitreichende Kenntnisse und feste Überzeugungen, aber entscheidend ist doch das Persönlichkeitsmoment. Rank sagt:

> Es macht bekanntlich nicht viel aus, welcher Art diese Überzeugungen des Therapeuten sind, wenn sie nur von einer starken überzeugungskräftigen Persönlichkeit getragen werden. Denn mit der besten analytischen Unterweisung von Seiten des Lehrers und den besten Überzeugungen des Schülers schafft man noch keinen Psychotherapeuten, ein Beruf, zu dem man vielleicht mehr als zu jedem andern berufen sein muss. Die bekannte Tatsache, dass gerade die bisher erfolgreichsten Analytiker nicht analysiert waren, spricht deutlich für das Ausschlaggebende des Persönlichkeitsmoments. (Rank 1929, S. 5)

Die Reaktionen des Hilfesuchenden auf den Analytiker sind immer einzigartig und unvorhergesehen. Ihre Verallgemeinerung wäre daher wertlos. - Andererseits sind auch allgemeine psychologische Erkenntnisse für den individuellen Fall unwirksam. Das Problem der Behandlungstechnik ist nur dann zu lösen, wenn für jeden neuen Patienten eine individuelle Theorie und Technik gebildet wird. Das stellt hohe Anforderungen an die Spontaneität des Therapeuten sowie an seine Kunstfertigkeit, eine Individualität zu verstehen.

> ... aber das Wesentliche bleibt immer die Fähigkeit, das Individuum aus sich heraus zu verstehen, wobei das gewiss nicht zu leugnende, allgemein Menschliche nur die Voraussetzung, nicht aber den Inhalt des Verstehens bilden kann. Man muss mit anderen Worten die Sprache des Andern erlernen und nicht ihm das eigene geläufige Idiom aufzwingen. (Rank 1929, S. 8)

Wesentlich ist für Rank, dass die Reaktionen des Patienten auf die analytische Situation als individuell und aktuell aufgefasst werden. Selbstverständlich sind auch die mitgebrachten Charakterhaltungen von Bedeutung, aber in jeder therapeutischen Situation entsteht auch etwas Neues und das ist von der besonderen Situation und der Persönlichkeit des Therapeuten abhängig.

Psychotherapie als Gefühlserlebnis

Gegenstand der Therapie sollte das Gefühlserlebnis sein und nicht alle Arten von Bewusstmachen, die doch nur einem intellektuellen Training gleichkommen. Das therapeutische Erlebnis intendiert die Entwicklung und Bereicherung der Persönlichkeit des Analysanden. Es wird daher absichtlich in größerem Masse zu einem Ich-Erlebnis gesteigert als dies allgemein üblich ist. Rank erklärt dem Patienten seine Reaktionen wie Verliebtheit, Angst, Feindseligkeit, Stummsein u.a. als Projektionen und Entlastungsversuche eigener Ich-Konflikte. Damit rückt er den Patienten als Handelnden in den Mittelpunkt der Situation. Die sog. Übertragungssituation wird zum schöpferischen Ausdruck der Persönlichkeitsentwicklung im therapeutischen Erlebnis und in kritischen Phasen zum Kampf um die Selbstbehauptung.

Psychotherapie – eine Begegnung zweier Individual-Willen

Was sich in der Übertragungssituation wie auch in jeder anderen menschlichen Beziehung zeigt, ist für Rank ein Willensphänomen. Es ist die Begegnung zweier individueller Willen, die ein hochkompliziertes Spiel um Herrschaft und Unterwerfung beginnen. Rank konzediert Adler, der Tatsache des Willens in Begriffen wie „männlicher Protest“ oder „Trotz“ Rechnung getragen zu haben, während er bei Freud die Zurückführung des Willens auf biologische Faktoren kritisiert. Allerdings habe Adler mehr die negative Seite des Willens behandelt. Rank hat sich der Aufgabe unterzogen, die Problematik des Willens in einer „Psychologie des Wollens“ auszuarbeiten.

In der Therapie geht es nach Rank nicht darum, den „Machtwillen“ (Adler) loszuwerden oder den „Trieb“ (Freud) zu zähmen, sondern das Wollen zu lernen ohne Schuldgefühl: „Wichtig ist, dass der Neurotiker überhaupt wollen lernt, d.h. wollen kann, ohne Schuldgefühl wegen des Wollens zu empfinden“ (Rank 1929, S. 18). Die allgemeine in unserer Kultur vorherrschende Angst vor freien Willensäußerungen teilt Rank nicht; denn jeder Mensch hat noch genügend innere Hemmungen und auch Ideale, die ihn selbstkritisch machen. Soll der Wille in der Psychotherapie gestärkt werden, darf er weder als „schlecht“ noch als „verwerflich“ bewertet werden.

Rank geht davon aus, dass in jedem Neurotiker ein Willenskonflikt herrscht und zwar in folgendem Sinne: Er hat einen starken Willen, der aber ein Gegenwille ist. Er darf ihn nicht ausüben, weil dieser schlecht ist. Übt er ihn dennoch aus, leidet er an seinen Schuldgefühlen. Daher hält Rank die analytische Grundregel mit der Aufforderung, den Willen auszuschalten und sich der Führung des Unbewussten zu überlassen, für äußerst problematisch. Sie setzt gleich zu Beginn der Therapie einen äußeren Willenskonflikt und lenkt vom eigentlichen, inneren Willenskonflikt ab.

> Diese Situation stellt daher faktisch und psychologisch nichts anderes dar, als die Eröffnung eines großen Willensduells, in dem sich dieser erste leichte Sieg über den scheinbar willensschwachen Patienten manchmal bitter rächt. Wie dem auch sei, jedenfalls ist seine Niederlage - im wahren Sinne des Wortes - nur eine äußerliche, denn der Hauptregel des "freien Einfallens" kann ja der Patient, auch wenn er wollte, nicht folgen, woraus sich sofort zwei typische Reaktionsweisen erklären, die ebenfalls das analytische Bild beherrschen: Widerstand und Schuldgefühl. (Rank 1929, S. 22)

Rank plädiert deshalb für Zurückhaltung in „aktiven" Maßnahmen und beschränkt sich nur auf eine: Die Terminsetzung. Da er kurze Therapien mit der Dauer bis zu einem Jahr für sinnvoller hält als jahrelange, ermüdende und kostenaufwendige Analysen, steht die Frage des Endtermins bald im Raum. Obwohl der Endtermin nicht als Zwangsmaßnahme, sondern als Wahlmöglichkeit eingeführt wird, zeigt der Patient widersprüchliche Reaktionen. Die offensichtliche „Ambivalenz" seiner Willensäußerungen wird dadurch offenbar und kann einer therapeutischen Bearbeitung zugeführt werden.

Lehrreich sind Ranks Ausführungen über den Gesundungswillen des Patienten. Kommt dieser in die Therapie, ist er seit langem leidend. Zunächst sieht es so aus, als sei er willig, sich führen zu lassen. Das käme aber einer Willenserweichung gleich, die er im Grunde seines Wesens nicht will. Der Therapeut muss sich hüten, als Wille zu fungieren, soll die Therapie nicht zu einem Willenskampf entarten.

> Aufgabe des Psychotherapeuten ist es daher, nicht wie der Patient möchte, als Wille zu agieren, sondern nur als Gegenwille zu fungieren, an dem der Wille des Patienten aber nicht gebrochen werden, sondern erstarken soll. (Rank 1929, S. 27)

Versteht ein Therapeut den Willensdynamismus nicht und erliegt er der Versuchung, die Rolle des „göttlichen" Willens zu spielen, übernimmt der Patient den Part des Negativen und Bösen – und das mit Ausdauer. Den relativ schnell abnehmenden Gesundungswillen des Patienten erklärt Rank mit dessen Projektion auf den Analytiker, der den Gesundungswillen ohnehin berufsmäßig verkörpert. Es ist daher notwendig, das Willensproblem mit seinem Projektionsmechanismus transparent zu machen. Ohne die Stärkung des Genesungswillens im Patienten selbst und die Annahme gesundheitsfördernder Faktoren sind Gesundwerden und -bleiben illusorisch. Ranks Willenstherapie fördert ganz bewusst die selbstbildenden Elemente im Patienten. Der erzieherischen Tendenz der Psychoanalyse mit der „Widerstandsanalyse" steht er kritisch gegenüber.

Psychotherapie – ein Akt des Selbstverstehens

Nach Ranks Auffassung darf der Patient in der Therapie nicht mehr „erzogen" werden - auch nicht mit Liebe. Es geht vielmehr darum, dass er sich verstehen und akzeptieren lernt. Der Patient kommt mit dem Wunsch, geliebt zu werden. Nimmt der Analytiker aber – wie in der Psychoanalyse üblich – eine liebende Haltung im Sinne von Allesverstehen und Allesverzeihen ein, führt das zur Abhängigkeit, weil der Patient nur über den Umweg mit dem Analytiker zu einem Selbstverstehen gelangt.

> Eine konstruktive Therapie hat den Patienten zum wirklichen Selbstverstehen zu führen, das nicht erst den erzieherischen Umweg über den Analytiker zu machen hat, der den Patienten ohnehin nicht "verstehen", höchstens erklären, aber zum Selbstverstehen anleiten kann. (Rank 1929, S. 33)

So wie es in der Therapie nicht ums Verstanden-Werden geht, sondern ums Selbstverstehen, so hält Rank auch nicht das Bewusstmachen für das entscheidende Agens, sondern das Bewusstwerden, ein sich im Individuum selbst vollziehender Prozess, der sich durch Verbalisierung äußert.

> Es ist sozusagen Geständnis an sich selbst, Unterwerfung des eigenen Willens unter die Herrschaft des Gefühls und ist daher weniger in Gefahr zum Missverstehen seiner selbst zu führen, als die Interpretation, ob sie sich nun als Rationalisierung oder als Erklärung manifestiert. (Rank 1929, S. 35)

Geständnisse an sich selbst sind meist Schwächegefühle wie Angst, Minderwertigkeitsgefühle, Scham, Neid usw. Sie sind dem Patienten nicht unbekannt, unterlagen aber der Verleugnung. Nach Rank erfahren die Analysanden in der Therapie kaum etwas Neues, was sie nicht schon vorher gewusst hätten.

> Was aber das Individuum nicht weiß, nicht wissen will, ist immer die jeweils gegenwärtige, die augenblickliche Gefühlslage, die vom Willen als Schwäche empfunden und daher verneint wird. (Rank 1929, S. 38)

Im Erleben von verleugneten Gefühlen schließen sich einst zerrissene Erlebnisketten zu einem sinnvollen Zusammenhang. Erleben und Verstehen fallen im therapeutischen Erlebnis zusammen.

Vergangenheit und Zukunft – eine Interpretation

Rank geht stets vom Bewusstsein aus, in welchem der Wille über die Gefühle herrscht. Weil sich die Dynamik zwischen Wille und Gefühl aber laufend ändert, gibt es eine unendliche Reihe von Interpretationsmöglichkeiten aller möglichen Erlebnisse, Erkenntnisse und Handlungen. Auch die Erinnerung der Vergangenheit ist eine Interpretation. Es ist daher verständlich, wenn Rank die kausal-historische Vorgehensweise der Psychoanalyse für nicht geeignet hält, die Wahrheit über einen Patienten ans Licht zu bringen; denn Wahrheit ist kein realer historischer, sondern ein aktueller psychologischer Begriff.

> Es gibt also eine Art des historisch-kausalen Erklärens, die eigentlich nichts anderes ist als eine Verleugnung des wirklich psychologischen Verstehens des aktuellen Gefühlserlebnisses und die Psychoanalyse leistet dieser Verleugnungstendenz sowohl im individuellen Patienten wie im Gesamtbewusstsein der Gesellschaft Vorschub. (Rank 1929, S. 42)

Es entspricht einer allgemeinen Beobachtung, dass der neurotische Mensch sehr mit seiner Vergangenheit beschäftigt ist und nicht von ihr loskommt. Sein Gedächtnis arbeitet nicht wie bei anderen Menschen, indem Vergangenes dem Vergessen anheimfällt und bei Bedarf erinnert wird. Der Neurotiker kann nicht vergessen, das Vergangene kommt zwanghaft zu ihm zurück. Die Psychoanalyse spricht deshalb von „Fixierung“ an die Kindheit und von „Wiederholungszwang“, Begriffe, die für Rank einer Historisierung des Individuums gleichkommen. Er selbst kommt zu anderen Ergebnissen, da er von der Gegenwärtigkeit alles Seelischen ausgeht. Er sagt:

> Denn Denken und Empfinden, Bewusstsein und Wollen, können immer nur gegenwärtig sein. Alles Erinnern und Vergessen hängt nur davon ab, ob der Wille im gegenwärtigen Augenblicke die Vergangenheit bejaht oder verneint, verleugnet oder akzeptiert. (Rank 1929, S. 53)

Nur wenn der Therapeut der aktuellen Verleugnungstendenz des Patienten entgegenwirkt, vermag dieser Schwächegefühle zu erleben und zuzugeben, was ihn dann in seinem Inneren mit seiner eigenen Vergangenheit verbindet. Es verknüpft ihn auch aktuell mit der Realität, worin der große therapeutische Nutzen liegt.

Sowohl die stereotype Vergangenheitsorientierung wie auch Zukunftsorientierung entsprechen dem Drange, von der Gegenwart loszukommen, die mit ihrem Wollen und Wissen so quälend ist. In der Gegenwart zu leben, hält Rank für die schwerste Aufgabe des Menschen. Und in der intensiven Suche nach Glück und Erlösung von der Gegenwart dokumentiert sich für ihn die Tendenz, dieser Aufgabe auszuweichen.

Psychotherapie – ein Aufruf zur Individualität

Ebenso auffällig wie die Vergangenheitsbezogenheit des Neurotikers ist sein Erleben der Verschiedenheit von anderen. Verschiedensein bedeutet ein Trennungserlebnis, das Leiden verursacht. Dabei handelt es sich weniger um reale Verschiedenheiten als erlebte, die aber psychologisch wahrer sind. Freud hat das Verschiedenheitserlebnis auf den biologischen Unterschied (Geschlechtsunterschied) zurückgeführt und Adler auf den Unterschied im sozialen Umfeld (Minderwertigkeitsgefühl). Rank sieht das Verschiedenheitsproblem in der Tatsache der Individualität des Menschen begründet, die dieser nicht bejahen kann.

Da das Problem der Individualität, psychologisch betrachtet, sowohl ein Willens- als auch ein Bewusstseinsproblem ist, repräsentiert der neurotische Mensch keine Krankheit, sondern den besonderen Zustand einer ihren Eigenwillen verleugnenden Persönlichkeit. Am Typus der hysterischen und zwanghaften Persönlichkeit demonstriert Rank die unterschiedliche Verarbeitung des Willensbewusstseinskonflikts und die Vorgehensweise in der Therapie. Dem hysterischen Typus mit der Neigung, seine Willenshandlungen in die Unbewusstheit gleiten zu lassen, muss dieser psychologische Sachverhalt zu Bewusstsein gebracht werden. Er muss nicht Wollen lernen, aber für dieses die Verantwortung tragen lernen. Beim zwanghaften Typus zeigt sich der Konflikt in der Bewusstseinssphäre. Er ist ein Grübler und Zweifler. Ihm hilft das Unbewusst-Werden durch Gefühlserlebnisse in der Therapie. Der eine leidet an einer fortwährenden Täuschung mit einem Schuldbewusstsein gegen sich selbst als Folge, während der andere sich nicht mehr täuschen kann, was sich im Minderwertigkeitsgefühl ausdrückt. Der eine leidet am Irrtum über sich, der andere an der Wahrheit, an seiner Wahrheit über sich (Rank 1929, S. 73). Der eine bräuchte Wahrheit über sich, der andere Illusionen. Beide Typen bedürfen der Bejahung des individuellen Willens mit der Anerkennung seiner Folgen.

Indem die Willenstherapie die Anpassung an die eigene Individualität in die Wege leitet, fördert sie aber die Verschiedenheit. Gerade das will der neurotische Mensch nicht. Davor hat er Angst. Dazu fehlt ihm der Mut; denn sein individueller, von anderen verschiedener Wille ist ein Gegenwille.

Der Willenskonflikt – ein ethischer Urkonflikt

Darin sieht Rank das grundlegende Problem. Der genuine Wille, im Kleinkind erwachend, ist ein negativer Wille – ein Gegenwille. Die Erziehungseinflüsse mit ihren Verboten und Geboten werden vom Kind nicht nur inhaltlich aufgefasst. Vielmehr identifiziert es seinen Eigenwillen als „bösen" Willen.

> Mit dieser Verschiebung der Kritik vom Inhalte des Wollens auf den Willen selbst, die das Individuum als solches vornimmt, wird die moralische Wertung, die eine äußere, von Lob und Tadel abhängige ist, zu einem inneren, dem eigentlich ethischen Problem, das im Grunde genommen unlösbar bleibt, bleiben muss, weil es aus der negativen, antagonistischen Natur des Willens selbst stammt. Dieses ethische Problem kann nur therapeutisch, nicht psychologisch gelöst werden, d.h. nicht im und vom Individuum selbst, sondern nur von einer zweiten Person, die unseren Eigenwillen rechtfertigt, gut macht, indem sie sich ihm freiwillig unterwirft und ihn so selbst zur Aufhebung bringt. (Rank 1929, S. 74)

Der neurotische Mensch braucht also einen Menschen, der eine Beziehung zu ihm eingeht, ihn trotz seiner Mängel und Schwächen annimmt und zu ihm steht. Dazu muss der Therapeut in der Lage sein. Die Gutheißung des individuellen Willens durch den Mitmenschen wirkt befreiend und erlösend, weil sie das ständige Erleben von Getrenntsein und Verschiedenheit vorübergehend aufhebt. So erweisen sich auch Liebe und Sexualität als einzigartige, natürliche

Heil- und Linderungsmittel für die Lösung des ethischen Urkonflikts. Liebe und Sexualität sind universale Symbole für die Willensdurchsetzung und Willensunterwerfung im Sinne von Hingabe. Die Willensdurchsetzung in der Sexualität rechtfertigt die Verschiedenheit. Sie macht glücklich, wenn auch nur vorübergehend. Liebe in der Willensunterwerfung hebt gefühlsmäßig die Verschiedenheit auf. Sie verbindet und erlöst von der Isolierung. Andererseits fördert sie durch Bejahung die Andersartigkeit. Liebe und Sexualität - wenn sie gelingen - steigern das Gefühl des Einsseins mit sich selbst, mit den Mitmenschen und der Welt (Rank 1929, S. 76).

Übertragung aus Sicht des Willens-Schuld-Problems

Weiterhin erörtert Rank das Übertragungsgeschehen in der Psychotherapie. Der Patient geht zum Therapeuten eine Beziehung ein, die durch Bewunderung, Verehrung und Liebe charakterisiert ist. Vom Standpunkt der Willenspsychologie ist das ein Versuch, den eigenen Willen durch Personifikation im anderen zu rechtfertigen. Rank sieht hier ein Projektionsphänomen, wie es sich auch in religiösen Gefühlen ausdrückt. Alles, was ein Mensch nicht ist, aber sein möchte, projiziert er in eine ihm geeignet erscheinende Person. Das hat eine von der Willensverneinung erlösende Funktion (Rank 1929, S. 79).

Der Patient verherrlicht den Therapeuten, macht ihn zu seinem Idol und erwartet eine einzigartige Sympathiebeziehung mit mehr oder weniger erotischem Einschlag. Der Therapeut muss diesem Angebot widerstehen und beide Phänomene umwerten, d.h. erstens den Patienten statt der Glorifizierung eines Anderen zur Selbstschöpfung bewegen und zweitens sich den grenzenlosen Liebeswünschen versagen. Damit entfesselt er aber den ganzen Willenskonflikt, der sich als Widerstand und als Liebesforderung äußert. Die Übertragung ist der schon oft missglückte Versuch, den Willenskonflikt lediglich an einem neuen Inhalt zu lösen.

> Dieser neue Inhalt ist aber die Person des Therapeuten und dieser muss imstande sein, diesen Inhalt, den er selbst bildet, von den ihm zugrunde liegenden dynamischen Faktoren, also dem Willenskonflikt im Patienten selbst, zu lösen, sozusagen diesen veräußerlichten Konflikt wieder in das Ich des Patienten zurückzuwerfen, ... (Rank 1929, S. 82)

Die individuelle Liebesforderung des Patienten beinhaltet nicht nur die Gutheißung des Willens, die ethisch ist. Sie beinhaltet ebenso die moralische Willensrechtfertigung, d.h. der Patient erwartet auch die Anerkennung der Inhalte seines Wollens. Das würde ihn endlich von der Selbstverantwortung seines ganzen Tuns und Handelns befreien. Das ist aber nicht in jedem Fall und in jeder Hinsicht möglich. Man denke nur an die Süchte, Perversionen u.a., Deformationen, mit denen der Neurotiker sich und andere zugrunde richtet. Hier muss der Therapeut - wenn auch vorsichtig - Stellung beziehen, was aber einem gewissen erzieherischen Zwang gleichkommt. Die therapeutische Situation bedarf einer besonderen Art von Liebe (Gutheißung des Willens, Verzeihung), und sie kommt nicht ganz ohne erzieherischen Zwang aus. Rank plädiert dennoch für die Beschränkung beider Prinzipien soweit wie möglich zugunsten der ethischen Selbstbestimmung des Patienten (Rank 1929, S. 84).

Das mit dem Willensproblem innigst verknüpfte Schuldproblem stellt sich in der Übertragungssituation folgendermaßen dar: Die Glorifizierung des eigenen Willens im Therapeuten entlastet den Patienten von der Schuld, selbst wollen zu müssen. Andererseits entsteht ein neues Schuldbewusstsein, weil der Patient mehr Beachtung und Zuwendung will, als ihm gewährt werden kann. Und drittens entwickelt er ein Schuldgefühl der Dankbarkeit für die ihm zuteil gewordene Hilfe, d.h. er fühlt sich abhängig.

Das Trennungs-Schuld-Problem

Wie schon vorangehend gesagt, der Neurotiker kommt nicht von seiner Vergangenheit los. Er kann sich trennen, weder von seiner Vergangenheit, noch von abgelebten Ich-Teilen, überlebten Beziehungen und auch nicht von der Therapie.

> Im Sinne dieser Auffassung ist das Neurosenproblem selbst ein Trennungsproblem und als solches ein Scheitern am menschlichen Lebensprinzip selbst, das in der bewussten Fähigkeit zur ständigen Lösung und Trennung besteht. (Rank 1929, S. 94)

> Das therapeutische Erlebnis muss nun das Individuum zum ersten Male eine solche notwendige Trennung als eine selbstgewollte empfinden und auch durchführen lassen, was einem Willenssieg entspricht, wie ihn sonst nur der schöpferische Mensch zu erleben fähig ist. (Rank 1929, S. 106-107)

Der neurotische Mensch versucht, Trennungen durch Mobilisierung von Liebe und Dankbarkeit zu vermeiden. Regt sich aber doch ein bewusster Trennungswille, entstehen sofort Schuldgefühle und bleiben, bis die seelische Bewegung abgeklungen ist. Mit der Terminsetzung in der Therapie will Rank das Trennungs-Schuldproblem aktualisieren, um es, exemplarisch für alle Trennungen, bearbeiten zu können.

Auch wenn der Patient die Trennung von der Therapie für notwendig erachtet, wenn er sie will, geht es nicht ohne Schuldgefühle ab. Gelingt es aber in der Endphase der Therapie, die hemmenden Schuldgefühle in ethische Schuld zu wandeln, darf das als Überwindung des Trennungs-Schuldproblems gewertet werden; denn die ethische Schuld kann durch Handlungen abgetragen werden. Durch bewusstes, gewolltes Tun, das seine stagnierte Entwicklung wieder in Fluss bringt, kann der Patient die Trennung vom Therapeuten rechtfertigen. In der Teilhabe am Leben, in der Arbeit, gibt er einen Teil seines Selbst an die Allgemeinheit zurück und ist somit „entschuldigt“ (Rank 1929, S. 100).

Der Trennungswille, der ein Wille zur Freiheit ist, ist eine Konsequenz des Individualwillens und darf nicht verleugnet werden. Er ist ein Lebensprinzip wie der Wille zur Vereinigung auch. Während der Wille zur Vereinigung im Sexual- Liebes- und Sozialleben seine Rechtfertigung findet, fällt der Trennungswille wegen der anhängigen Schuldproblematik leicht der Verleugnung anheim. Gerade darauf muss eine konstruktive Therapie hinarbeiten, weil ohne die Fähigkeit zur Trennung seelische Gesundheit und Entwicklung nicht möglich sind (Rank 1929, S. 106).

Psychotherapie zwischen Schicksal-Sein und Schicksal-Machen

Zum Ende seiner Ausführungen behandelt Rank den allen Menschen innewohnenden Konflikt zwischen Geschöpf und Schöpfer, zwischen Schicksal und Selbstbestimmung, wie er sich im neurotischen Menschen offenbart. Der neurotische Mensch ringt um Selbständigkeit, Handlungsfreiheit, Spontaneität usw., aber er hat nicht die Fähigkeiten dazu. Er sucht sich im Therapeuten eine Person, die ihn zur Selbstbestimmung führen soll, erlebt aber einen Zwang. Damit macht er den Therapeuten zu seinem Schicksal und sich selbst zum willenlosen Geschöpf. Eine konstruktive Therapie muss diese Tendenz auf den eigenen Willenskonflikt zurückführen, wobei der Therapeut lediglich die Funktion eines Umweges zum eigenen Ich hat. Die Rechtfertigung und Bejahung durch ihn darf nicht allzu lange als Schicksalsmacht erlebt werden, sondern muss in seinem Ich lebendig werden (Rank 1929, S. 110). Der Patient soll

„die schöpferische Rolle des sich selbst und sein Schicksal schaffenden Ich“ (Rank 1929, S. 110) selbst übernehmen.

Auch die Neurose ist eine Schöpfung des Individuums, das lieber sein Versagen programmiert, als seine Ohnmacht und Hilflosigkeit einzugestehen. Aber die Schöpfung der Neurose vollzieht sich zwanghaft, weil der Wille verleugnet wird oder negativ ist. Freiheit in der Schöpfung gibt es nur in der Willensbejahung und der Anerkennung der Verantwortung.

Die therapeutische Situation verführt zum gegenseitigen Schicksal spielen. Ehrgeizige und eitle Therapeuten haben ein unbewusstes Bedürfnis nach Herrschaft und Ruhm. Sie können der ihnen vom Patienten zugespielten Macht schlecht widerstehen. Sie lassen sich verleiten, die göttliche Rolle anzunehmen, die ihnen schmeichelt, dem Patienten aber schadet. Anstatt den Patienten mit sich selbst zu versöhnen und zur Selbständigkeit zu führen, erhält dieser die Funktion, ihr Können und ihre Meisterschaft zu dokumentieren. Diese Gefahr ist eine dem Therapeutenberuf innewohnende und deshalb ernst zu nehmen.

Aber auch der Patient spielt Schicksal, indem er dem Therapeuten vielfältige Rollen zuweist und ihn zum Repräsentanten eines Teiles seiner Gegenwart und Vergangenheit macht. Er macht ihn zum Geschöpf, indem er ihn - seinem Eigenwillen entsprechend - auf bestimmte Eigenschaften und Fähigkeiten fixiert. Meist bedarf es dann größerer Anstrengungen von Seiten des Therapeuten, sich aus den Fixierungen zu befreien und als eigenständiges Individuum erkannt und behandelt zu werden. Das Schicksal spielen mit dem anderen soll im Trennungserlebnis - so intendiert es die Willenstherapie - zum Schaffen des eigenen Schicksals umgewandelt werden.

> Hier können wir nun das Problem von Trennung und Schuld, das sich uns als das Problem von Schöpfer und Geschöpf enthüllte, als den Unterschied von Schicksal machen und Schicksal sein definieren, oder als Selbstbestimmung und Schicksal, ein Gegensatz, unter den sich die verschiedenartigen Aspekte, unter denen wir den Willenskonflikt betrachtet haben, subsummieren lassen. Denn Vergangenheit, Gleichheit, Zwang und Schuld entsprechen dem Schicksal, während Gegenwart, Verschiedenheit, Liebe und Trennung der Selbstbestimmung entsprechen. (Rank 1929, S. 111)

Schicksal machen und Schicksal sein sind - psychologisch gesehen - Willensphänomene positiver und negativer Natur. Sie intendieren die gegenseitige Abhängigkeit und Unselbständigkeit und sind Ausdruck des inneren Willens-

Schuldkonflikts. Nur der wahrhaft schöpferische Mensch arbeitet sich aus der Schicksalsabhängigkeit heraus - soweit es die Willens-Schuldproblematik betrifft - indem er vor allem sich selbst schafft. Der neurotische Mensch neigt zur Selbstzerstörung. Er verleugnet seinen Schöpferwillen und stellt sich als Geschöpf dar, das er obendrein ablehnt (Rank 1929, S. 112)

Verdrängung und Widerstand in der Psychotherapie von Otto Rank (zwei Fallgeschichten)

Bis heute spielen die von Sigmund Freud ausgearbeiteten Begriffe der Verdrängung und des Widerstandes in der Psychotherapie eine bedeutende Rolle. Verdrängung und Widerstand geben Einblick in die dynamische Arbeitsweise der menschlichen Seele. Sie bilden das Drehkreuz um Fortschritt oder Stagnation in der Therapie. Seit Freud ist das Verständnis dieser Phänomene um manche Aspekte erweitert worden. So hat die Willens-Bewusstseins-Psychologie von Otto Rank tiefgründige Gedanken zu diesem Thema beigesteuert, von denen wir einige hier ausbreiten wollen.

Otto Rank wurde 1884 in Wien geboren. Er entstammte einer armen, jüdischen Familie, war aber geistig von hoher Auffassungsgabe und enormer Arbeitskraft. Der Zweiundzwanzigjährige wurde von Adler bei Freud eingeführt. Seine kleine Schrift *Der Künstler. Ansätze zu einer Sexualpsychologie (1907)* weckte Freuds Interesse. Es geht darin um die Grundlagen schöpferischen Schaffens. Diese Abhandlung war sozusagen Ranks Eintrittsbillet in Freuds berühmten Mittwochskreis. Freud gewährte dem begabten jungen Mann ein Stipendium. Aber anders als die meisten Mitglieder der Mittwochsgesellschaft wurde Rank nicht Arzt und Psychiater, sondern Geisteswissenschaftler. Er studierte Philosophie, Geschichte, Kunst und Literatur mit großem Erfolg. Das hat seiner Denkungsart eine eigene Prägung gegeben.

Nach 20 Jahren loyaler Mitarbeit in der psychoanalytischen Vereinigung kam es zum Bruch. Nach der Trennung von Freud (1926) entwickelte sich Rank zu einem geistig unabhängigen Autor. Er entwarf eine philosophisch orientierte Psychologie, in deren Zentrum Wille und Bewusstsein stehen. Es seien einige

Schriften genannt, die mit unserem heutigen Thema in Zusammenhang stehen: *Entwicklungsziele der Psychoanalyse*, zusammen mit S. Ferenczi (1924); *Wahrheit und Wirklichkeit* (1929) und drei Bände *Technik der Psychoanalyse* (1926, 1929, 1931).

Während bei Freud Triebkräfte und Affekte der Verdrängung anheim fallen und neurotische Störungen hervorrufen, sind es bei Rank Wille und Bewusstsein, die auf vielfältige Art verdrängt werden. Nicht der Biologie nahe Kräfte stehen im Zentrum der Persönlichkeit, sondern Wille und Bewusstsein, zwei Manifestationen des individuellen geistigen Ich. In Ranks Psychologie begegnen wir Begriffen wie Willensverleugnung, Willenslähmung, Willensverhärtung und Willenserweichung, Gegenwille und Schuldgefühl, Schuldbewusstsein usw. Da die Begriffe fremd und verwirrend sind, soll Ranks Sichtweise anhand zweier Beispiele aus der Praxis erläutert werden.

Ein Fall von Willenshemmung und -verleugnung: Frau A

Frau A. war 28 Jahre alt, als sie wegen Arbeits- und Liebesproblemen in die Therapie kam. Sie war zu jener Zeit als Chemikerin in einem Labor tätig. Obwohl ihre Arbeit interessant und ihre Leistungen gut waren, hatte sie keine Freude daran. Sie klagte über Unlust und Widerwillen am Arbeitsplatz und kam über störende Gefühle von Fremdheit nicht hinweg. Verglichen mit ihren Kolleginnen stellte sie bei sich einen Mangel an Interesse und Initiative fest. Auch in ihrem Liebesleben war Frau A. ratlos. Sie hatte sich erst mit 23 Jahren ins Liebesleben eingelassen. Sie fand es schwierig, einen passenden Partner zu finden, denn sie suchte, wie wir es öfter in der Therapie hören, einen *überlegenen* Mann, überlegen an Bildung, an Intellekt und Selbstsicherheit im Beruf und Leben. Als Frau A. einen solchen Mann kennen lernte, verliebte sie sich heftig. Dennoch blieb ihr nicht verborgen, dass ihr Partner bindungsscheu und gefühlsarm war und ein gemeinsames Leben nicht zu erwarten war. Nun fragen wir nach der Ursache der Arbeitsunlust und wie es zu der geringen Selbsteinschätzung kam. Warum wollte sie unbedingt einen *überdurchschnittlich* gebildeten Mann und konnte auf die Werbung von gleichwertigen Männern nicht eingehen?

Aus der Kindheit von Frau A. erfahren wir, dass sie aus einer überfürsorglichen Familie stammte, in der aber Gehorsam das oberste Erziehungsprinzip war. Der Vater erzählte hin und wieder mit Genugtuung, dass er sie zu einem gehorsamen Kind gemacht habe, indem er frühzeitig – im 3. Lebensjahr – ihren

Willen durch kräftige Schläge gebrochen habe. Danach hätten sich keine offensichtlichen Trotzreaktionen mehr gezeigt. Sie wurde ein braves und liebenswürdiges Kind, das aber nicht allein spielen konnte. Später auftretende Symptome wie Tagträumereien, Trödeln und depressive Verstimmungen wurden damit nicht in Zusammenhang gebracht.

Die Willensbrechung ist ein schwerwiegender Eingriff; denn im 2.-4. Lebensjahr erwacht der Individualwille im Kind. Es nimmt erstmals wahr, dass es ein Eigenwesen ist und Dinge aus eigener Kraft tun kann. So vermag es mit seinem Willen der unwillkürlichen Stuhl- und Harnentleerung entgegenzusteuern. Es versucht aber auch verstärkt, die Umwelt zu erkunden und sich gegen Widerstände durchzusetzen. Jedes Kind muss eine Balance finden zwischen der *Willensbehauptung* einerseits und der *Willenserweichung* in der Kooperation andererseits. Der erwachende Individualwille ist primär ein Gegenwille und zunächst unschuldig in seiner Intention. Er richtet sich gegen biologische Bedürfnisse (Stuhl- und Harnentleerung), was von den Eltern freudig begrüßt wird, aber auch gegen deren Gebote und Verbote, was oft mit Ungeduld, Affekten und Schlimmerem beantwortet wird. Die Äußerungen des erwachenden Ich werden oft verkannt, missachtet und unterdrückt. Wenn die Eltern den kindlichen Gegenwillen als *böse* stigmatisieren und das Kind die Sicht der Eltern übernimmt, entstehen in der Folge Schuldgefühle. *So wie ich will, darf ich nicht*, ist eine frühe Erfahrung. Ein Willens-Schuldkonflikt wird zu seinem ständigen Begleiter.

Zur Anthropologie der Willens-Schuld-Thematik

Wir machen hier einen Abstecher zu Ranks Anthropologie. Der Willens-Schuldkonflikt ist nämlich kein Fall einer nur individuell missglückten Erziehungspraxis. Er ist vielmehr ein allgemein menschliches Problem und tief in den kulturellen Traditionen verankert. Die jüdisch-christliche Religion wie die fernöstlichen Religionen haben den menschlichen Willen als böse, verwerflich und zu verneinen hingestellt. Rank erklärt dieses Phänomen mit der *Negativität des genuinen Willens.* Der entstehende Wille sei – wie oben ausgeführt – ein Gegenwille. Er richtet sich gegen die eigene Natur in der Sauberkeitserziehung und gegen die Pflegepersonen im Trotz. Daher sei mit dem Willen auch das Schuldgefühl in der Welt aufgetaucht. Wille und Schuld gehören zusammen wie zwei Seiten einer Medaille. Die Willens-Schuld-Thematik zieht sich durch die Geschichte der Mythen, Märchen, Religionen und Philosophien. Der biblische Mythos z.B. besagt, dass Adam und Eva aus dem Paradies vertrieben wurden, weil sie Früchte vom Baume der Erkenntnis aßen. Weil sie wissen wollten, wurden sie aus der Harmonie des Paradieses in die Konflikthaftigkeit der Welt verbannt. Auch Prometheus in der griechischen Mythologie stürzte ins Unglück, weil er seinen Individual-Willen zum göttlichen Willen erhoben hatte, der sich anmaßte, den Göttern gleich, Menschen zu schaffen. Schöpferisch sein wollen und erkennen wollen wurde zur Sünde erhoben und mit drastischen Strafen belegt. Für Rank hat erst Nietzsche das moralische Problem an der Willensthematik erkannt. Nietzsches Leistung sei die Trennung des Willens von der Moral gewesen. Der Willens-Schuld-Konflikt sei nämlich nicht moralischer, sondern ethischer Natur. Darum kann er nicht aufgelöst werden. Der Willens-Schuld-Konflikt kann nur von jedem Einzelnen produktiv durch Entfaltung der Persönlichkeit überwunden werden.

Kommen wir zurück zu Frau A. Auf Grund der strengen Erziehung wurde sie ein braves Kind, zwar lebhaft und willig und doch willensgehemmt. Willensgehemmte Kinder verzichten auf einen Teil ihrer autonomen Strebungen und beschränken sich auf das, was den Eltern genehm ist. So kann die Kindheit scheinbar problemlos verlaufen wie bei Frau A. In der Pubertät traten dann existentielle Fragen wie das Liebes- und das Berufsproblem in ihr Bewusstsein. Sie fragte sich: „Kann ich als Frau bestehen? Wer bin ich und was will ich im Leben?“ Ist jemand willensgelähmt wie Frau A., hat er keine Antwort. Seine Zukunft liegt im Nebel. So folgte sie den Vorschlägen des Vaters. Zu planen, was sie selbst wollte, weil sie es für richtig hielt und wie es einer individuellen, zielgerichteten Willensäußerung entsprochen hätte, war ihr nicht möglich.

Der Mangel an Identität und Eigeninitiative führt direkt zum Liebesproblem. Frau A. versuchte nämlich, die existentielle Frage nach dem Sinn ihres Lebens mit einer speziellen Partnerwahl zu lösen. Mit einem ihr überlegenen Partner glaubte sie ihre Lebensunsicherheit kompensieren zu können. Unbewusste Lebensprobleme verursachen aber einen unüberwindlichen Zwang bei der Partnerwahl, trüben die klare Sicht auf die Persönlichkeit des Partners und schaffen Liebesleid.

Willensbildung in der Kindheit

Wir wollen noch ein zweites Beispiel heranziehen, in dem es nicht um Willensverleugnung, sondern um einen starken Gegenwillen geht. Zunächst aber sollen die mit der kindlichen Entwicklung sich verändernden Willensäußerungen erläutert werden.

Die erste Phase der Willensbildung liegt in der frühen Kindheit, wenn der kindliche Wille als Trotz erwacht und das Kind die Aufforderung zur Kooperation noch nicht versteht. Davon haben wir bereits gehört. Die folgende Stufe ist charakterisiert durch den Vergleich mit anderen Kindern. Das Kind will unbedingt dasselbe tun oder haben wie die anderen. Hier liegen die Ursprünge von Rivalität und Konkurrenz. Erst auf der dritten, schöpferischen Stufe der Willensbildung vermag sich das Kind nach selbst geschaffenen Ideen zu richten wie z.B. im kreativen Spiel.

Den drei Stufen der Willensbildung entsprechend gibt es in Ranks Psychologie drei Persönlichkeitstypen: den Neurotiker mit dem starken Gegenwillen, den Durchschnittsmenschen, dessen Wille sich nach der Mehrheit richtet und den Künstler mit dem schöpferischen Willen. Wie auch für andere Autoren liegt der Sinn des Lebens für Rank in der Herausforderung, ein individuelles Selbst zu werden. Am Künstler, Neurotiker und am Durchschnittsmenschen demonstriert er, wie sie diese schwierige Aufgabe meistern. Der Künstler entspricht am ehesten seiner Vorstellung vom gesunden, schöpferischen Menschen. Auch den Neurotiker hält Rank für einen Künstler, allerdings mit negativem Vorzeichen, weil sich sein Schaffen im Aufbau einer Neurose erschöpft. Der Durchschnittsmensch findet seinen Willen im Willen der Mehrheit gerechtfertigt, dem er sich anpasst. Damit erlangt er relative Sicherheit und Konfliktfreiheit, muss aber alle Verdrängungen, Vorurteile und Projektionen mit übernehmen, die in der Gesellschaft zirkulieren. Der Neurotiker gelangt am wenigsten zur Willensrechtfertigung. Er ist im Widerstand gegen gesellschaftliche Normen, kann dennoch seine eigenen Ideale nicht bejahen und verwirklichen. Der Künstler hingegen bejaht seine Willensäußerungen. Er ist von der Zustimmung der Mehrheit weniger abhängig und kann sich eventuell bewusst gegen sie wenden; er überwindet seine Angst vor Isolation und Kritik und schafft sein Werk.

Ein Fall von Willensverhärtung: Frau B.

Kommen wir zur Praxis zurück. Frau B. war Mitte 20, als sie wegen ihrer Probleme in der Partnerschaft in die Therapie kam. Sie war eine willensstarke Frau, die durch Tüchtigkeit imponierte. Aus kleinen Verhältnissen stammend, hatte sie sich in der Schule so gut entwickelt, dass sie studieren konnte und nebenbei noch ihren Lebensunterhalt verdiente. In der Partnerschaft hingegen fühlte sich Frau B. hilflos und ohnmächtig. Ihr damaliger Freund war Dozent an einer Hochschule, äußerlich bemerkenswert attraktiv, aber sehr sparsam in seinen

Liebesbemühungen. Frau B. beklagte sich heftig, dass er zu wenig Zeit habe und es ihr an emotionaler Zuwendung und Zärtlichkeit fehle. Sie sparte nicht mit Vorwürfen und Beschuldigungen, um die Erfüllung ihrer Wünsche *zu erzwingen*. Da sie nicht verstehen konnte oder auch nicht wollte, dass ihr Partner von seinem Wesen her nicht mehr geben konnte, entbrannte der Kampf um Liebe stets von neuem. Frau B. war zutiefst unglücklich und verzweifelt, weil sie aus den kargen Reaktionen des Partners auf einen Mangel an Attraktivität und Liebenswürdigkeit bei sich selbst schloss.

Wir fragen uns: Warum meinte Frau B. Liebe erzwingen zu müssen, wo Liebe doch nur in Freiheit gedeihen kann? Ein Blick auf ihre Kindheit gibt Aufschluss. Sie war das einzige Kind eines Arbeiterehepaares. Das Familienleben war niederdrückend aus wirtschaftlicher Not, besonders aber wegen der tyrannischen Herrschsucht des Vaters. Während die Mutter sich wehklagend seinen Ausfällen ergab, entwickelte Frau B. einen unbändigen Trotz gegen den ungerechten Vater. Er war enttäuscht, dass sie kein Junge war und ließ es sie fühlen. Sie leistete seinen willkürlichen Attacken heftigsten Widerstand und quittierte häufige Prügel mit einer stoischen Haltung. Die Folge der belastenden Eindrücke war ein starkes soziales Minderwertigkeitsgefühl, aber auch helle Empörung darüber, vom Leben so übel behandelt worden zu sein. Sie glaubte sich im Recht, Liebe in der Partnerschaft mit allen Mitteln durchsetzen zu dürfen.

Wie ist die Willensentfaltung von Frau B. zu verstehen? Warum musste ihr starker Wille, der sie in der Schule und im Studium erfolgreich machte, in der Liebe zu andauerndem Misserfolg führen? Man kann das so verstehen: Der trotzig-kämpferische Wille, für den Berufskampf in einer Leistungsgesellschaft bestens geeignet, hat in der Liebe ein großes Manko. Er leidet an der Willensverhärtung. Willensverhärtung folgt der Intention: Auf keinen Fall nachgeben! Das ergibt mit der Zeit ein Gefühlsvakuum; denn alle verbindenden und wohlwollenden Gefühle müssen dauerhaft verleugnet werden. Will eine Trotzige wie Frau B. nun lieben und geliebt werden, stößt sie schmerzlich an die Grenzen ihres Charakters. Statt mit Feingefühl und Verständnis zu werben, versucht sie mit Vorwürfen und Streit ihr Ziel zu erreichen und muss scheitern.

Für Rank gehören Wille und Gefühl zusammen wie zwei Seiten einer Medaille. Wille ist die Seite der Ich-Behauptung und Gefühl die Seite der Hingabe. Wille und Gefühl sind die zwei Pole eines ganzheitlichen Geschehens. Je nachdem was wir tun oder erleben, steht die eine oder andere Seite im Vordergrund unseres Bewusstseins. Eine spontane ungehemmte Bewegung zwischen den beiden Polen wäre für die vielfältigen Herausforderungen des Lebens wünschenswert. Wurden aber Wille oder Gefühl in der Folge von Kindheitserlebnissen verleugnet wie bei Frau A. und Frau B., verfügt ein Mensch nicht über die fein strukturierten Strategien, um sein Leben kenntnisreich, klug und kunstvoll gestalten zu können.

Widerstände in der Willens-Therapie.

Wir kommen jetzt zur Willens-Therapie. Die therapeutische Praxis wirft vielfältige Willensprobleme auf, die den therapeutischen Prozess erheblich belasten können, wenn sie nicht klar erkannt werden. Es sind Gesichtspunkte, die von jedem Therapeuten und besonders von angehenden Therapeuten bedacht werden sollten.

Wie in jeder menschlichen Beziehung geht es auch im therapeutischen Prozess um einen Willenskampf. Zwei Willen stoßen aufeinander, die beide miteinander um die Herrschaft ringen, wenn sich nicht einer freiwillig unterwirft. Weiß der Therapeut darum, kann er vermeiden, den neurotischen Gegenwillen des Patienten zu provozieren. Der Therapeut soll überhaupt nicht den Gegenwillen des Patienten herausfordern oder gar brechen wollen. Als Willenstherapeut bekämpfte Rank die „Widerstände" seiner Patienten viel weniger als die klassische Psychoanalyse: sie galten ihm als Kraftmanifestationen, die man schonen muss (Rattner 1995, S.152). Vielmehr soll die hoffentlich größere Menschen- und Weltkenntnis des Therapeuten einen positiven Gegenwillen bilden, an dem der verneinende Wille des Analysanden sich aufrichten und genesen kann. Es wird viel von der Freiheitlichkeit und Vertrauenswürdigkeit des Therapeuten abhängen, ob der Patient den Willen des Therapeuten bejahen und zu seinem machen kann. Noch entscheidender aber ist für Rank, dass sich ein Patient aus fruchtlosen Willenskämpfen zu lösen vermag und sich stattdessen am grandiosen Gegenwillen der Kultur abarbeitet, d.h. seine Kräfte für die Erweiterung seines geistigen Ich einsetzt und dass er so viel Welt in sich aufnimmt, wie ihm seine Persönlichkeit ermöglicht.

Bevor ein Patient in die Therapie kommt, ist er mehrfach im Leben gescheitert. Da er sich mit seinen Gefühlen, Gedanken und Handlungen nicht akzeptiert, ist sein Leben zu einer großen Verneinung geworden. Die allgemeinen Anforderungen wie Liebe, Arbeit und sozio-kulturelles Dasein hat er als Überforderung und Zwang erlebt. Oft leidet ein Mensch Jahre, ehe er sich überwindet, eine Therapie aufzusuchen. Nun ist er zu Konzessionen bereit. Zunächst lässt sich die Sache gut an. Aber Gesundwerden erfordert viel eigene Bemühung wie Einsicht, Nachdenken, Überwindung, Geduld, und bald projiziert der Patient seinen Gesundungswillen auf den Therapeuten. Dieser soll ihn gesund machen, weil er es von Berufs wegen kann. Er hat die Verantwortung für den Erfolg der Therapie unbewusst auf den Therapeuten übertragen. Im Hintergrund steht da die Angst vor Veränderungen, die zum Stillstand führt. Stillstand demonstriert einen stummen Willenskampf zwischen Therapeut und Patient. Lässt sich der Therapeut darauf ein, d.h. setzt er seine Bemühungen fort, ohne dass der Patient an sich arbeitet und voranschreitet, ist die Partie verloren. Der Analysand hat seinen Willen durchgesetzt, aber um den Preis eines vereitelten Heilungserfolges. So kann eine Therapie im Sande verlaufen, ohne dass die Beteiligten es recht merken.

Ein weiteres Widerstandsthema sind Deutungen. Fühlt sich der Patient durch eine Deutung missverstanden oder falsch beurteilt, kann es zu einem zähen Kampf kommen. Ob eine Deutung richtig oder falsch ist, erweist sich erst im weiteren Verlauf der Therapie oder noch später im Leben. Für Rank sind Deutungen nicht das Wesentliche in der Therapie. Sie haben für ihn – wie wir es auch von Adler kennen – nur den Charakter von Hypothesen, auf denen der Therapeut nicht bestehen darf als wären es Gesetze. Deutungen sollten mit Taktgefühl vorgebracht werden und dem Patienten die Freiheit lassen, es anders zu sehen.

Neben Gesundheit und Deutungen erörtert Rank ein weiteres Widerstandsphänomen – die Terminsetzung. Rank war kein Befürworter jahrelanger Psychotherapien. Sein Konzept sah nur ein knappes Jahr vor, in dem das *aktuelle* Leben des Patienten erörtert werden sollte. Langwierige Vergangenheitsforschung hielt er nicht für angebracht. Zu einem geeigneten Zeitpunkt sollte die Therapie beendet werden. Auf die Terminsetzung von Seiten des Therapeuten reagierten die Patienten mit Widerstand. Entweder wollten sie die Therapie sofort beenden oder nicht zum gesetzten Zeitpunkt, aber auf jeden Fall anders. Wenn Wille und Gegenwille gleichzeitig mobilisiert werden, zeigt sich der Willenskonflikt besonders deutlich. Dahinter steht das bedeutende Thema von Bindung und Lösung; der Patient strebt zur Selbständigkeit, aber gleichzeitig hat er Angst vor der Trennung und dem Verlust der emotionalen Beziehung zum Therapeuten. Er muss nun lernen, sich nach eingegangener Beziehung auch wieder zu trennen. Ich zitiere Rattner aus *Klassiker der Psychoanalyse (1995):*

> Die Trennungsangst ist für Rank ein Gleichnis der Lebensangst überhaupt. Der Wille ist die Kraft, die an Angst und Schuld vorbei wertvolle Ziele erkennt und realisiert. Auch ist es die Funktion des Wollens, in der

> Konfrontation mit den Forderungen der Gemeinschaft das eigene Ich aufzubauen und zu verteidigen. Wille ist Aktivität und Handlung, in beiderlei liegt ebenfalls ein Angstmoment, da jede Handlung Endgültigkeit und Unabänderlichkeit in sich trägt. (Rattner 1995, S.152)

Wenn dem Patienten die Loslösung gelingt, ist das als ein Zeichen zu werten, dass er zu seinen individuellen Willensaufgaben steht und nicht mehr Unterschlupf suchen muss.

Überwindung der Willenshemmung: Frau A.

Wir wollen nun sehen, wie Frau A. ihre spezifischen Willensprobleme mit Hilfe der Psychotherapie überwinden konnte. Zu Beginn der Therapie klagte sie über einen Mangel an Identitätsgefühl und Eigeninitiative. Dazu gehörten depressive Verstimmungen, Schuldgefühle und Kleinheitsgefühle. Ihr Lebensgefühl schilderte sie so: „Ich stehe am Ufer eines Flusses, in dem Menschen fröhlich planschend und schwimmend an mir vorbeiziehen. Ich sehe ihnen zu." Das Lebensgefühl von Frau A., nämlich *neben* dem Leben zu stehen, änderte sich erst, als sie verstand, dass ihr niemand den Weg ins Leben abnehmen kann, auch nicht ein geistig überlegener Partner. Sie selbst musste den Anschluss ans Leben finden, indem sie sich aus Pflicht- und Schuldgefühlen gegenüber ihrem Elternhaus löste und eine energische Ich-Expansion entfaltete, wobei sie zeitweise leise Angstgefühle beschlichen. Mit der Zeit entwickelte sie so viel Aktivität, dass sie sich ein Zweitstudium zutraute und Literatur, Geschichte und Psychologie studierte. Das neuerliche Studium anerkannte sie als selbstgewollt und ihrem Wesen entsprechend. Indem Frau A. ihr Leben auf sich nahm, wurde sie auch vom Zwang einer bestimmten Partnerwahl befreit. Sie sah nun deutlicher, welcher Mann ihr Zuneigung und Anerkennung geben konnte und für ein Zusammenleben geeignet war. Die neuerliche Partnerwahl war von mehr Realitätssinn und Lebensmut bestimmt. Interessanterweise träumte Frau A. während dieser erfreulichen Entwicklung den Wiederholungstraum, sie sei schon so lange allein. Das ist nicht ungewöhnlich in der Psychotherapie: Angst und Einsamkeitsgefühle werden mobilisiert, wenn der Eigenwille erstarkt, ein Mensch sich seiner Individualität bewusst wird und zu innerer Selbständigkeit aufbricht. Sind diese Gefühle zu stark, werden sie u.U. zum Widerstand gegen jede weitere Entwicklung.

Willenserweichung zu Liebe und Gefühl: Frau B.

Wir wollen auch den Weg von Frau B. in der Therapie verfolgen. Sie war – wie oben berichtet – tüchtig im Beruf, aber verzweifelt in der Liebe. Sie war der Meinung, dass an ihrer Person nichts Gutes sein könne, weil sie in ihrer Kindheit so viel Not und Gewalt habe ertragen müssen. Die Wahl eines sehr attraktiven Partners schien ein Weg zur Selbstheilung. Aber es mangelte an Liebe in dieser Beziehung, und auch hartnäckiges Anklagen und Fordern nutzte nichts. Zwang ruft bei jedem Menschen unweigerlich den Gegenwillen hervor, der sich dann als Kampfeslust oder Verweigerung äußert. Ihr Verhalten zu verändern, fiel Frau B. sehr schwer. Ihr Stolz hinderte sie daran. Sie meinte, sich unterwerfen zu müssen, was ihren Widerstand erregte. Willenserweichung in der Friedfertigkeit, im Abwarten-können oder in der Anschmiegsamkeit waren für sie schreckliche Vorstellungen. Zu begreifen, dass nicht die Attraktivität des Partners ihr Minderwertigkeitsgefühl beheben kann, sondern die Annahme ihrer Person mit allen individuellen Voraussetzungen, war ein schweres Stück Arbeit. Da Frau B. aber eine kraftvolle Person war, gelang es ihr doch, ein besseres Selbstwertgefühl aufzubauen und sich in zugewandte Partner zu verlieben, wo die gegenseitige Anerkennung der Individualwillen möglich war. Während dieser Fortschritte träumte sie wiederholt folgenden Angsttraum: „Ein Mann steht in meinem Zimmer. Er ist riesengroß und füllt das halbe Zimmer!" Glücklicherweise haben ihre Träume sie nicht von ihren Partnerschaftsversuchen abgehalten, und letztlich gelang es ihr, eine verbindliche und glückliche Partnerschaft zu führen.

Ranks Menschenbild

Die Willensthematik ist ein bedeutender Aspekt in der tiefenpsychologischen Theorie. Mit der Anerkennung des Willens ist auch ein Freiheitsspielraum für eigenverantwortliches Handeln und Gestalten gegeben. Der Mensch ist nicht nur Geschöpf und Vollstrecker seiner Triebe. Er wird als einziges Lebewesen zum Schöpfer seiner Individualität. Er kann viel aus sich machen, vorausgesetzt, dass er sich und seine Lebensbedingungen annimmt.

Ranks Psychologie ist bemerkenswert, weil sie sich nicht am kranken Individuum orientiert. Vielmehr stellt sie das schöpferische und kreative Moment im Menschen heraus. Ihr Verdienst ist es, die Strukturmerkmale der autonomen produktiven Persönlichkeit erkannt und präzisiert zu haben.

Nach Ranks Menschenbild ist der Mensch primär kulturfähig und konstruktiver Mitmensch, sofern er nicht ständiger Kontrolle und Bevormundung untersteht. Rank verteidigt die Rechte des Individuums in einer nivellierenden Massengesellschaft und wendet sich gegen allzu viel Erziehung, ideologische Beeinflussung und Konformitätszwang. Unmenschlichkeit und Gewalt seien erst die Folge unterdrückten Lebens. Nur die gewollte stetige Selbstentwicklung kann destruktive Entgleisungen verhindern.

Ranks Ausführungen über die Widerstände in der Therapie aus Sicht der Willenspsychologie sind höchst aufschlussreich. Aber auch bei Kenntnis der Problematik ist es für einen Therapeuten nicht leicht, die Kampfangebote auszuschlagen. Besonders anerkennungshungrige oder masochistische, erfolgssüchtige oder dominante Therapeuten haben nicht genügend Standfestigkeit, um einen klaren Blick für die bewussten und unbewussten Herausforderungen durch den Patienten zu bewahren. Sie geraten in einen Clinch und könnten die entstehende Dramatik für Therapie halten.

Auch Rank hat das Problem der Therapeutenpersönlichkeit klar gesehen. Nicht das Fachwissen und die angewandte Technik sind die bewegenden Momente in der Therapie, sondern vielmehr die Persönlichkeit des Therapeuten. Leider hat Rank keine Vorschläge zur Heranbildung geeigneter Therapeutenpersönlichkeiten gemacht.

Charakter- und Lehranalyse sind zwar unerlässliche Voraussetzungen für den Therapeutenberuf, aber nur der Anfang einer notwendigen und umfänglichen Weiterbildung. Anstatt seine Kraft am negativen Gegenwillen des Patienten nutzlos zu vergeuden, sollte jeder Therapeut in eine permanente Auseinandersetzung mit der Kultur eintreten, an der er zeitlebens wachsen und reifen kann. Die stete Weiterentwicklung des Therapeuten ist die beste Voraussetzung für eine lebendige, wahrhaft humane und herrschaftsfreie Therapie.

Über den Zusammenhang von Fühlen und Denken aus Sicht der philosophischen Anthropologie Agnes Hellers

Gefühle sind eine fundamentale Kraft im Seelenleben der Menschen. Sie sind der Erlebnisgrund aller Fähigkeiten und Funktionen. Sind positive Gefühle wie Freude und Zuversicht ein kostbarer Besitz für die Lebensgestaltung, werden negative Gefühle wie Angst oder Misstrauen als Last und Unglück erlebt. Dann leidet der Mensch unter der Vergeblichkeit, sich ihrer zu erwehren. Die Aufgabe der Psychotherapie ist daher die Entfaltung und Vertiefung guter Gefühle. Nun hat man den klassischen Therapien wie Psychoanalyse, Individualpsychologie und Komplexe Psychologie oft den Vorwurf gemacht, sie würden ihrem Anliegen, den Gefühlsaufbau ihrer Patienten zu fördern, nicht gerecht werden, da sie zu sehr an der Rationalität ansetzen. Die bewegenden Momente der klassischen Verfahren, nämlich Reflexion und Dialog seien zu umwegig und langwierig, um Gefühlsveränderungen zu bewirken.

Dieser Sichtweise haben wir uns am Institut für Tiefenpsychologie Berlin nie angeschlossen. Hier war man immer der Überzeugung, dass Fühlen und Denken, Herz und Hirn keine Alternativen sind, sondern zusammen gehören, eine Einheit bilden und einander bedingen. Von Theodor Fontane erfahren wir Bestätigung, weil er sagt: „Lerne denken mit dem Herzen, lerne fühlen mit dem Geist!“ Am Institut gilt die Lehrmeinung, dass profunde Gefühlsveränderungen nur zu erwarten sind, wenn auch die geistig-sprachliche Entwicklung eines Analysanden in Angriff genommen wird und seine Menschenkenntnis, Dialogfähigkeit und sein Bildungsstand sich entwickeln. Das ist für manche psychotherapeutische Schulen leider nicht selbstverständlich.

Die Frage nach dem Wesen der Gefühle und ihrem Verhältnis zu Vernunft und Verstand ist eine alte philosophische Frage. Sie wurde bereits in der Antike gestellt und im Laufe der Geschichte wiederholt behandelt. Die aus Ungarn stammende Anthropologin Agnes Heller hat in den 80iger Jahren des letzten Jahrhunderts eine tiefgründige und hoch interessante Gefühlstheorie vorgelegt, die uns wichtige Einsichten zum Thema *Fühlen und Denken* vermittelt. Sie hat das Gefühlsthema im Zusammenhang mit der Sprache und dem Denken detailreich und sehr anschaulich untersucht, wie auch den Wertaspekt, die Moral und die Handlung in ihre Theorie integriert, weshalb sie hier ausführlicher zu Wort kommen soll.

Hellers Gefühlstheorie steht auf dem Boden moderner Philosophien. Zu Beginn ihrer Abhandlung bekennt sie sich zu drei großen Lehrmeistern: zu Edmund Husserl (1859-1938), dem großen Phänomenologen, zu Ludwig Wittgenstein (1889-1951), dem originellen Sprachphilosophen und zu Georg Lukács (1885-1971), dem kritischen Literaturphilosophen.

Wesensmerkmale der Gefühle

Zunächst wollen wir uns einige Wesensmerkmale der Gefühle vor Augen führen: Gefühle sind die Verbindung zur Welt. Sie dienen der *Erhaltung und der Erweiterung einer Person*. Sie leiten den Menschen, Fertigkeiten zu erwerben, die Sprache zu erlernen und seinen Wirkungskreis kontinuierlich zu erweitern.

Dann haben Gefühle eine *Gleichgewichtsfunktion*. Sie kommen und gehen je nach den intendierten Aufgaben, steigern sich und flachen wieder ab in einem harmonischen Rhythmus. Sie begleiten den Tag mit seinen vielfältigen Anforderungen und fallen, wenn nichts Außergewöhnliches geschieht, nicht weiter auf. Aber wenn Lustlosigkeit am Morgen, Angst und Selbstzweifel bei der Arbeit oder Einsamkeit und Langeweile in der Freizeit dominieren, sprechen wir von einer Störung der Gleichgewichtsfunktion. Derartige Gefühle dringen ins Bewusstsein und behindern einen Menschen in seiner Lebensbewegung.

Ein weiteres Merkmal der Gefühle ist ihr *Mitteilungscharakter*. Akute Gefühlserlebnisse, Affekte, Stimmungen und das Lebensgefühl, sie alle kommen in der Mimik, Gestik und im Tonfall zum Ausdruck. Überraschende Freude, Wut und Eifersucht, eine gereizte Stimmung oder ein missgestimmtes Lebensgefühl können weitgehend von allen Menschen verstanden werden. Anderes gilt für den unendlichen Bereich der *Emotionen*, die nur sprachlich differenziert adäquat ausgedrückt werden können. Man denke hierbei an die unzähligen Gefühle von Liebe, von Mut oder für Schönheit. Emotionen werden *nicht un-*

willkürlich verstanden. Zu ihrem Verständnis bedarf es Menschen, die zur Anteilnahme fähig sind und Lebenskenntnis besitzen.

Wie andere Autoren auch hat Heller eine *Gefühlshierarchie* aufgestellt, denn Gefühle haben sehr unterschiedliche Qualitäten und Funktionen, die von einander geschieden werden sollten. Bei der Aufstellung der Hierarchie lässt sich Heller vom Menschenbild des frühen Karl Marx leiten. Danach bestimmen die Gesellschaftlichkeit des Menschen sein Wesen, die Arbeit, die Freiheit, das Bewusstsein und seine Universalität. So kommt Heller zu folgender Einteilung: Triebgefühle, Affekte, Orientierungsgefühle, Emotionen, Charakter- bzw. Persönlichkeitsgefühle und das Lebensgefühl. In den weiteren Ausführungen befassen wir uns mit Triebgefühlen und Affekten. Unsere besondere Aufmerksamkeit soll aber den Emotionen gelten.

Gefühle sind Wertorgane

Alles was wir fühlen – und wir fühlen unablässig – enthält einen Wertaspekt. Die primäre Kategorie der Wertorientierungen ist das *Wert-Paar gut-schlecht*. Hier können grundsätzlich alle Gefühle eingeordnet werden. Die Freude ist das gute Gefühl par excellence, die Traurigkeit ein par excellence schlechtes Gefühl. Spezifischer sind aber die sekundären Kategorien wie das *Wert-Paar angenehm-unangenehm*. Es kommt bei Sinnes- und Körperempfindungen zur Geltung: Die Sonne ist angenehm warm auf der Haut, oder, der Druck im Magen ist unangenehm. Das *Wert-Paar gut-böse* wird auf alle ethisch-moralischen Gefühle angewandt: Es war gut, dass du dich solidarisch verhalten hast, oder, es war schlecht, dass du ihn gleich angeschrien hast. Ein weiteres Wert-Paar bilden die Werte *schön-hässlich*, die in dem großen Gebiet unserer ästhetischen Stellungnahmen gelten. Mit den Werten *wahr-falsch* werden authentische von nicht-authentischen Gefühlen unterschieden. Ich gebe mich heiter und charmant auf der Party, aber im Grunde ist mir elend zumute.

Der Mensch hat nicht nur Gefühle; er hat auch *ein Verhältnis zu ihnen*. Hier unterscheidet Heller das partikulare vom individuellen Verhältnis, womit ein unterschiedliches Verhältnis zur Welt beschrieben wird. Dem partikular fühlenden Menschen geht es hauptsächlich um die Erhaltung seines Selbst und um eine angstfreie und konfliktlose Erweiterung seines Ichs. Er bewahrt seine Identität mit Hilfe von Abwehrmechanismen wie Verdrängung, Projektion oder Rationalisierung. So vermeidet er zwar Krisen, verhindert aber auch seine Reifung. Das individuelle Verhältnis zeichnet sich durch Wert-Bewusstsein und eine bewusste Wert-Wahl aus, was wir bei sich frei entwickelnden Personen beobachten können. Das gilt übrigens auch im negativen Sinn. Man denke nur an die Schurken in der Literatur, an Franz Moor in Schillers *Räubern,* an *Richard III.* im gleichnamigen Shakespeare-Drama oder an Vautrin in Balzacs Roman *Glanz und Elend der Kurtisanen.* Sie alle nähren das Böse bewusst und absichtsvoll in sich und programmieren so ihren Untergang. Partikularität und Individualität zeigen sich auch an den Gefühlen selbst. Die Liebe der Prinzessin Eboli in Schillers *Don Carlos* z.B. ist partikular. Als sie Don Carlos nicht für sich gewinnen kann, schlägt ihre Liebe in Hass und Vernichtungswillen um. Ihre Liebe ist nur Selbstliebe, sie dient der Verlängerung des eigenen Ichs. Individuelle Liebe ist mehr Personenliebe, wobei die Person um ihrer selbst willen geliebt wird. Nathalie in Kleists *Prinz von Homburg* z.B. pflegt die eigenen Gefühle als auch die der geliebten Person. Das individuelle Ich strebt über sich hinaus. Es gibt sich immer größeren Lebensaufgaben hin, wobei es zuverlässige Gefühlsstrukturen aufbaut.

Fühlen heißt, in etwas involviert zu sein

Jetzt kommen wir zu einer sehr originellen Aussage in Hellers Gefühlstheorie. Sie sagt: *Fühlen heißt, in etwas involviert zu sein,* in etwas verwickelt zu sein. Dieses *etwas* kann alles sein: ein anderer Mensch, über dessen Besuch ich mich freue; ich selbst, wenn Gewissensbisse mich beunruhigen; ein Problem in meinem Beruf, das gelöst werden muss; eine Idee, wie der Freiheitsbegriff von Sartre; ein anderes Gefühl, wenn Neid meinen Seelenfrieden stört oder eine gefährliche Situation, die mir Angst macht. Ich kann sehr unterschiedlich involviert sein: Momentan – kontinuierlich, intensiv – extensiv, tief – oberflächlich usw. Mal kann das *Involviert-Sein* im Zentrum des Bewusstseins stehen wie in der Freude, wenn Besuch kommt, in der Unruhe bei Gewissensbissen, im Neid oder in der Angst. Mal ist es das *Etwas* wie das Berufsproblem oder die Idee der Freiheit, die ich verstehen will. Das *Etwas* kann alles Erdenkliche sein. Wir sehen hier, dass es Gefühle an sich nicht geben kann. Jedes Gefühl hat einen spezifischen Inhalt, aber die Qualität der Gefühle hängt von den Wertbezügen der Inhalte ab. Darauf kommen wir noch später zurück. Je nachdem, was im Zentrum des Bewusstseins steht, ist das Gefühl *Figur* und wird deutlich erlebt, oder es bildet den *Hintergrund.* Eine bildhafte Übertragung dieser Erscheinung, eine Metapher wäre das Wetterhäuschen, in welchem die Frau das Gefühl repräsentiert, während der Mann Gedanken und Begriffe repräsentiert. Mal steht die Frau im Vordergrund, und der Mann befindet sich im Hintergrund. Dann ist es wieder umgekehrt. So wie Frau und Mann im Wetterhäuschen dauernd in Bewegung sind, ist auch im Bewusstsein ein ständiges Oszillieren zwischen Vordergrund und Hintergrund, zwischen Gefühl und Begriff existent.

Dazu einige Beispiele: In Affekterlebnissen wie einem Eifersuchts- oder Wutanfall steht das Gefühl im Vordergrund. Das kennen sicher die meisten Menschen von sich. Auch Körperempfindungen wie ziehende oder stechende Schmerzen – man denke nur an bohrende Zahnschmerzen – füllen das Bewusstsein total aus. In aufregenden Erlebnissen wie einer neuen Liebe oder einer gerade beendeten ist das Gefühl ebenfalls *Figur*. Bei allen Alltagsverrichtungen dagegen, gewohnten und willentlichen Handlungen sowie Wahrnehmungsakten ist das Gefühl eher *Hintergrund*. Es rückt aber sofort ins Bewusstseinszentrum, wenn es zu Stockungen kommt. Oft treten dann Ärger und Ungeduld auf. Auch dann wird das Gefühl zur *Figur*, wenn Aufgaben gut gelöst und willentliche Handlungen erfolgreich abgeschlossen sind. Dann treten Freude und Mut für weitere Aktivitäten ins Zentrum des Erlebens. Das *Figur-Hintergrund-Phänomen* ist in allen Gefühlen existent. Es dokumentiert die Einheit von Fühlen und Denken. Das ist eine originelle und tiefgründige Beschreibung der Gefühle.

Differenzierung der Gefühle

Die Gefühlsvielfalt wie wir sie bei Erwachsenen antreffen oder antreffen sollten, ist den Neugeborenen nicht mitgegeben. Lediglich die Disposition, die Anlage zum Fühlen ist angeboren. Die Gefühlsentfaltung setzt mit der Entstehung des Ichs ein. Die bis dahin diffusen Gefühlsqualitäten beginnen sich nun zu differenzieren. Die Aneignung des Sprachdenkens, das mit der Ich-Werdung parallel geht, ist beim Erlernen der Gefühle ein Meilenstein. Die Differenzierung der Gefühle ist ein komplizierter, nie abgeschlossener Lernprozess, der alle Gefühlsgruppen betrifft, wenn auch in unterschiedlichem Maße.

Beginnen wir bei den *Triebgefühlen und Körperempfindungen*. Kleine Kinder weinen, wenn sie Hunger haben, müde sind oder ihnen etwas weh tut. Erst durch das Anbieten von Sprache für die einzelnen Zustände und durch viele Wiederholungen, differenziert sich allmählich die Wahrnehmung des Kindes, bis es Hunger von Müdigkeit und Schmerz unterscheiden kann. Ein Triebgefühl ist erst voll entwickelt, wenn es als solches identifiziert und in seiner Spezifität benannt werden kann.

Bei den *Affekten* geht es wiederum um deren Identifikation. Auf die gleiche Weise lernt das Kind elementare Affekte wie Wut, Angst, Freude und Trauer zu unterscheiden. Damit ist es noch nicht getan. Das Kind soll auch den Zusammenhang mit den Affekt auslösenden Reizen und Objekten kennenlernen, also Wut, weil der gebaute Turm umgefallen ist, Angst, weil die Mutter aus dem Zimmer gegangen ist, Freude, weil die Oma zu Besuch kommt und Trauer, weil ein toter Vogel im Garten liegt. Affekte wie die genannten, ferner Neugier, Ekel oder Entsetzen können wegen ihres starken Ausdrucks von allen Menschen weltweit gelesen werden, aber nicht immer deren Anlässe. Bei kleinen Kindern sind die Anlässe leicht sichtbar, bei Erwachsenen durchaus nicht immer. Um sie verstehen zu können, bedarf es einer sprachlichen Äußerung der affektiven Person.

Emotionen, deren Vielfalt unbegrenzt ist, können nicht von allen Menschen gelesen werden. Hier ist *Lebenserfahrung und Menschenkenntnis* unbedingt nötig. So feine Gefühle wie Dankbarkeit, Würde, Hoffnung, Optimismus und Ehrfurcht werden von vielen Menschen gar nicht wahrgenommen. Emotionen können sich auch in *Handlungen* offenbaren. Ein Liebender muss seiner Angebeteten nicht ständig sagen: *Ich liebe Dich!* Wenn er danach handelt, kann sie es fühlen. Oder die Emotionen werden im *Dialog* erschlossen wie in der Psychotherapie.

Aus all dem geht hervor, dass hinter einem differenzierten Gefühl immer ein Begriff und ein Inhalt steht, mithin dass die Differenzierung der Gefühle ohne *Konzeptualisierung* nicht denkbar ist. Jedem Gefühl ist also ein Moment der Erkenntnis eigen. Emotionen können sich also ohne Förderung des Denk- und Begriffsvermögens gar nicht entwickeln. Sie müssen in jeder Hinsicht und umfänglich erlernt werden.

Mit der Differenzierung der Gefühle kommt gleichzeitig die *Reintegration* zustande, was man mit Wiedereingliederung übersetzen kann. Wiedereingegliedert wird die verändernde Wirkung der Lebenserfahrung auf Gefühle. Ein Beispiel: Hat ein Jugendlicher Probleme mit der Selbstbehauptung, sind seine Handlungen von Gefühlen der Unsicherheit geprägt. Wagt er z.B. durch therapeutischen Einfluss, mehr aus sich herauszugehen, macht er neue Erfahrungen, und seine Handlungen werden zielsicherer. Während das störende Gefühl der Unsicherheit verblasst, wachsen Zuversicht und Mut, bis er sich auf sich verlassen kann. Das Hineinwachsen in die menschliche Gefühlswelt ist ein langsamer kontinuierlicher Prozess, der während einer Lebenszeit vielen Wandlungen unterliegt. Er beginnt mit der Geburt und ist erst mit dem Tod abgeschlossen.

> Wenn wir am Anfang unserer Analyse den Anschein erweckt haben, daß wir die primäre Rolle im menschlichen Verhalten den Gefühlen zuschrieben, gelangen wir jetzt zu der entgegengesetzten Folgerung. Wenn auch das Gefühl, mit dem Denken und Handeln verglichen, das phylogenetisch Primäre ist, kann nur das Gefühl die eigentliche Funktion des Gefühls erfüllen, in dem die Kognition und die Handlung reintegriert worden ist. (Heller 1981, S. 159)

Erlernen eigener Gefühle – ein lebenslanger Prozess

Hat ein Kind die Gefühle gelernt, die es für sein tägliches Leben in der Familie braucht, steht es, wenn es den Rahmen der Familie überschreitet, einem Kosmos von Emotionen gegenüber, die das gesellschaftliche Leben beherrschen. Beim *Kennenlernen und Verstehen der Emotionen* spielt die sprachliche Mitteilung die größte Rolle. Dabei ist es nicht notwendig, dass das heranwachsende Kind die Emotionen selbst empfinden muss. Es ist aber notwendig, Feindseligkeit, Neid, Rachsucht, Intrige u.a. kennen zu lernen, um adäquat reagieren zu können. Das gilt ebenso für die Emotionen der Zuwendung und Anteilnahme. Bilderbücher angucken und über das Geschaute sprechen oder Vorlesen und Erzählen sind deshalb hervorragend geeignet, Gefühle zu erlernen.

Dass beim Kennenlernen und Verstehen von Emotionen den emotionellen Begriffen die entscheidende Rolle zukommt, wird am prägnantesten durch die Kunst bewiesen. Die Kunst ist nämlich fähig – besonders die Wortkunst – uns sämtliche Emotionen durchleben zu lassen, die wir überhaupt kennen. Was wir verstehen können, können wir auch durchleben. Wir brauchen nicht in der Situation Othellos gewesen zu sein, schreibt Heller, um seine Eifersucht nachempfinden zu können. Wir müssen nicht tödlich verliebt gewesen sein, um vom Tod Tristans und Isoldes zu Tränen gerührt zu werden, nie Rachsucht empfunden haben, um Elektras Rachsucht zutiefst mitzuerleben. Das bedeutet aber nicht, dass wir mit Othello eifersüchtig, mit Tristan verliebt oder mit Elektra rachsüchtig wären, sondern nur, dass wir diese Gefühle mitfühlen können, da wir die Situationen und die die Gefühle erleidenden Menschen verstehen.

Das Erlernen eigener Gefühle ist ein Koordinierungsprozess eines emotionellen Begriffs und eines Gefühls. Das geschieht auf zwei Wegen: Entweder ist der emotionelle Begriff schon da, aber das Gefühl wurde noch nie erlebt. Ein Heranwachsender hat z.B. in der Familie und in Filmen schon viel von der Liebe gesehen oder auch gelesen, aber selbst noch nicht geliebt. Tauchen zum ersten Mal Liebesgefühle auf, entsteht ein inneres Chaos, bis er seine Liebesgefühle mit einem zu ihm passenden Begriff identifiziert hat. *In Gefühl vergehen, ja das ist Liebe*, fühlt der eine, *oder schnelle Eroberung, das ist der Reiz der Liebe!* fühlt ein anderer. – Der andere Weg zur Koordinierung geht von den Gefühlen aus, die einen Menschen unerwartet treffen, die er aber noch nicht kennt und darum nicht versteht. Er begibt sich auf die Suche nach den passenden emotionellen Begriffen, um den Inhalt seiner Gefühle zu identifizieren. Ein Beispiel: Ein Mensch hatte eine Auseinandersetzung und bleibt niedergeschmettert zurück. Die Depression will nicht weichen. Er versteht es nicht, denn er reagiert doch sonst nicht so. Was war es denn, was ihn derart getroffen hat? Findet er eine Erklärung, mit der die Depression weicht, hat er eine neue Emotion kennengelernt und ein Stück Selbsterkenntnis hinzugewonnen.

Wie der Koordinierungsprozess auch immer in Gang gesetzt wird, der emotionelle Begriff und das Gefühl sind nie deckungsgleich; denn jede Emotion ist einzigartig. Sie ist situativ, d.h. sie repräsentiert einen ganz speziellen Weltbezug, der vom fühlenden Individuum in seiner Einzigartigkeit erfasst werden muss, was nur annähernd gelingt. Mit der Differenzierung der Sprachfähigkeit sowie der Zunahme des Verständnisses menschlicher Emotionen wird auch die eigene Gefühlswelt transparenter und zuverlässiger.

In einer Hinsicht ist der Lernprozess noch nicht hinreichend beschrieben. Es muss für einen Großteil der Gefühle auch deren gesellschaftliche Bewertung mitgelernt werden. Das gilt im Besonderen für die Affekte. Mit dem Erlernen der Affekte werden auch *die affektbezogenen Vorschriften* erlernt. Stellungnahmen wie *Es ist nicht gut, wenn Du auf Deinen Freund eifersüchtig bist* oder *Es ist nicht recht, wenn du bei Kleinigkeiten so wütend wirst* fördern ein kritisches Verhältnis zu den Affekten, was immer emotionsbildend ist. Sie leiten an zu Solidarität im ersten Fall und zu Selbstbeherrschung im zweiten Fall. In diesem Zusammenhang spricht Heller von „Affektkanalisierung und –regulierung, die in der kindlichen Sozialisation eine Hauptrolle spielen.

Es sei noch erwähnt, dass die Gefühle, da sie ja gelernt werden, auch vergessen werden können, was ein ebenso komplizierter Prozess ist. Das gilt weniger für die Trieb-Gefühle, für Körperempfindungen und Affekte als vielmehr für alle Emotionen, die völlig erlernt sind. In Balzacs Roman *Père Goriot* ist der junge Rastignac von edlen Gefühlen und vom Wunsch nach wahrer Liebe erfüllt.

Im Angesicht des Luxus von Paris wird er vom „Dämon des Luxus“ ins Herz getroffen, und er entschließt sich, all die edlen Gefühle in sich auszumerzen. Der reife Rastignac hat Mitleid und Liebe vergessen, das Gefühl der Treue und des Vertrauens kennt er nicht mehr. Es liegt im eigenen Interesse eines jeden Menschen, seine Emotionen zu *pflegen*, d.h. die guten Emotionen zu kultivieren und zu mehren und die negativen zu verlernen und schließlich ganz zu vergessen. Der Prozess kann auch umgekehrt laufen, was leider häufiger ist. Dass die guten Gefühle nur in einem geeigneten Milieu wachsen, ist ebenso gültig, wie ihr Verkümmern in einem abträglichen Milieu.

Heller hat uns gezeigt, wie Gefühlsreichtum, repräsentiert in den Emotionen, entstehen kann durch Mit-Leben in der Gesellschaft und Verstehen von Menschen und künstlerischen Produktionen.

Wandlungen der Gefühle in der bürgerlichen Epoche bei Agnes Heller

Unter Mitarbeit von Gert Janssen

Unter den Gründungsvätern der Tiefenpsychologie hat besonders Alfred Adler unseren Blick darauf gelenkt, dass es im menschlichen Leben ständig darum geht , bestimmte Aufgaben zu lösen, nämlich Arbeit, Liebe, Gemeinschaft und Kultur. Bei all diesen Aufgaben ist der Mensch auf die Zusammenarbeit mit anderen angewiesen. Deshalb sagt Adler: „Das seelische Organ des Menschen ist ganz durchdrungen von den Bedingungen eines Lebens in der Gemeinschaft" (Adler 1927, S. 38) und „Hier ist der Punkt, an dem sich die Individualpsychologie mit der Soziologie berührt." (Adler 1933, S. 38)

Hier knüpfen die Beiträge zur Soziologie der Gefühle von Agnes Heller an. Adler als Psychologe und Psychotherapeut fragt, wie sich der Einzelne zu den Anforderungen in Arbeit, Liebe, Gemeinschaft und Kultur einstellt, was in ihm vorgeht, wenn er tätig wird, wie er herangeht, ob er zögert oder halt macht, ob er sie umschleicht, Vorwände sucht usw. Heller untersucht, wie sich wandelnde gesellschaftliche Strukturen auf die Art der Aufgaben und auf die Gefühle des Einzelnen auswirken, die für die Lösung der Aufgaben erforderlich sind. In ihren Beiträgen versteht sie es meisterhaft, bekannte Figuren aus der Weltliteratur als Beispiele für ihre Überlegungen heranzuziehen, um die Plastizität der menschlichen Gefühlsfähigkeit deutlich zu machen. Dabei wird der Leser auf viele Spielarten des Gefühlsausdrucks hingewiesen wie auch auf die bejahende oder verneinende Einstellung zu den Gefühlen selbst. In ihrer Wertschätzung der Literatur, gerade was das Verstehen von Emotionen angeht, stimmt sie mit S. Freud überein, der die Dichter als „wertvolle Bundesgenossen" betrachtet, die „uns in der Seelenkunde weit voraus sind, weil sie aus Quellen schöpfen, welche wir noch nicht für die Wissenschaft erschlossen haben." (Freud 1907a, GW Bd. 7, S. 33). Ähnliche Äußerungen finden sich bei A. Adler, der z.B. von F. Dostojewski sagt, dass „sein psychologisches Späherauge tiefer drang, weil er mit der Natur vertrauter war als jene Psychologie, die sich aus dem Begrifflichen gestaltet". (Adler 1930, S. 289)

Heller geht davon aus, dass der Mensch immer in der Welt steht und Aufgaben zu lösen hat. Dabei muss er mit anderen Menschen umgehen und sich den gesellschaftlichen Realitäten stellen, was sich in seiner Gefühlswelt niederschlägt.

> Sie (die Menschen, d.Vf.) müssen den Vorschriften und Möglichkeiten einer spezifischen Produktionsweise gemäß produzieren, sie müssen sich selbst und den gesellschaftlichen Organismus, in den sie hineingeboren sind, reproduzieren, und innerhalb dessen müssen sie ... individuelle Aufgaben lösen. Welche Gefühle in einem Zeitalter mit welcher Intensität sich entfalten, welche Gefühle zu dominierenden Gefühlen werden, hängt in erster Linie von diesen Aufgaben ab. (Heller 1981, S. 245)

Welche Gefühle zu dominierenden werden, hängt nicht nur vom einzelnen ab, sondern von dem Zeitalter, der gesellschaftlichen Struktur, die den einzelnen die Aufgaben gibt. In primitiven Gesellschaften z.B. dominiert ein Gefühlstyp, bzw. zwei – einer für Frauen und einer für Männer. Mit der Entfaltung der Arbeitswelt und dem Aufkommen der Arbeitsteilung begann sich die Gesellschaft in Stände und Schichten zu differenzieren. Damit löste sich die Einheitlichkeit der Aufgaben auf. Die unterschiedlichen Aufgaben und Lebensformen brachten die Bildung von Schicht- und Ranggefühlen mit sich. Je dynamischer eine Gesellschaft ist, umso dynamischer ist auch ihre Gefühlswelt. In einer dynamischen Gesellschaft treten emotionale Individuen häufiger auf. Deutlich wurde das zuerst im antiken Athen und später in der Renaissance.

Heller illustriert nachfolgend die bürgerliche Gefühlswelt anhand literarischer Werke. Dabei wählt sie solche literarischen Werke aus, die die Gefühlsbedürfnisse ihrer Epoche repräsentierten.

Über die historische Dynamik der bürgerlichen Gefühlswelt

Die bürgerliche Gesellschaft ist die erste Gesellschaft, in der der Lebensweg des einzelnen nicht mehr durch die Geburt festgelegt ist. Nun kann er grundsätzlich und eigenverantwortlich seine Aufgaben selbst wählen. Nur das Individuum der bürgerlichen Epoche kann seine Gefühlswelt bewusst so gestalten, dass sie über die Möglichkeiten hinausgeht, in die das Individuum hineingeboren wurde. Dabei ist ein neues Phänomen aufgetreten, nämlich dass es nicht in jedem Falle dem Gefühl angemessene Aufgaben gibt. So kann es zu außergewöhnlichen Spannungen kommen, die „problematische Individuen", also gespaltene Persönlichkeiten hervorbringen. Ein neues Gefühl, das im Widerspruch zu den gewonnenen Möglichkeiten steht, ist die Sehnsucht nach der verlorenen Einfachheit und Erhabenheit, die sich in Indianer-Romanen und der Literatur der romantischen Bewegung widerspiegelt.

Allgemein sagt man dem Bürger ein Überwiegen prosaischer Gefühle nach und beklagt seinen Mangel an Poesie. Heller weist jedoch darauf hin, dass auch der wunderbare Gefühlsreichtum bei Shakespeare die Gefühlswelt des bürgerlichen Individuums zum Ausdruck bringt.

Unter anderem kritisiert sie, dass repräsentative Persönlichkeiten des Bürgertums wie Dichter und Denker zeit- und klassenbedingte Gefühle zu „ewigmenschlichen Gefühlen" machen und damit anthropologisch verallgemeinern, was Hellers Auffassung vom Wandel der Gefühle in den geschichtlichen Epochen widerspricht.

Manchmal sind aus der Darstellung latenter Zeitgefühle – wie z.B. Werther's übersteigertes Lebensgefühl – Gefühlsmoden entstanden. Ein weiteres Beispiel für eine Mode der bürgerlichen Gefühlswelt ist die Melancholie.

Nachfolgend wird die bürgerliche Gefühlswelt unter zwei Gesichtspunkten behandelt. Der eine ist die Wertigkeit der Gefühlsausdrücke, der andere das Verhältnis des Individuums zur Gefühlswelt selbst. Heller wählt dafür zwei Zeitpunkte: die Epoche der Französischen Revolution und die 20er Jahre des 20. Jahrhunderts zwischen dem Ende des ersten Weltkriegs und der Weltwirtschaftskrise. Sie entnimmt ihr Material der Belletristik, die das zu diesen Zeitpunkten vorherrschende Lebensgefühl am prägnantesten ausdrückt.

Aufstieg und Blüte des bürgerlichen Gefühlslebens

Für die Gefühlswelt des ersten „Schnitts" stützt sie sich auf folgende literarische Werke: *La nouvelle Heloise* von J. Rousseau, *Werther* von J.W. Goethe, *Emma* von J. Austen und *Justine* von M. de Sade. Für alle vier ist charakteristisch, dass sie sich zur eindeutigen, unproblematischen Beziehung von Gefühl und emotionalem Ausdruck bekennen. In den Augen Rousseaus und Goethes ist dieses unproblematische Verhältnis gerade das Kennzeichen der bürgerlichen Gefühlswelt.

> Das spontane Überströmen und die Gestaltung des Gefühls, sein Ausdruck, das emotionale „Hinfinden“ zum anderen Menschen hat ein einziges Hindernis: den institutionell geregelten, konventionellen Charakter der Verkehrsformen ... es genügt, sich von diesen konventionellen Verkehrsformen abzuwenden, es genügt, auf die „Stimme unseres Herzens“ zu hören – und die Harmonie des „Inneren“ und des „Äußeren“ stößt an kein Hindernis mehr. Unser Herz – die Quelle all unserer tugendhaften Freuden und Leiden – ist mit der „Natur“ identisch. (Heller 1981, S. 260)

Während bei Rousseau und beim jungen Goethe Natur, Herz und Moral Synonyme sind, teilt de Sade diese Illusion nicht. Bei ihm ist die Natur antinomisch, sie ist sowohl mit bloßer Genusssucht und Habgier als auch mit den schönen und moralischen Gefühlen identisch.

Die bürgerliche Gefühlswelt wird durch diese Werte – durch ihre Helden – nicht nur ausgedrückt, sondern gleichzeitig auch kultiviert. Man soll ständig fühlen, soll sich dem Genuss der Gefühle immer hingeben und keinen Augenblick ohne Gefühlswallungen bleiben. Die Kultivierung der Gefühle hat aber zwei verschiedene Wege. Das eine ist der Kult des Augenblicks: das Trinken eines jeden Tropfens der Gefühlstotalität, das Suchen eines Gegenstandes, der den gesteigerten Zustand von Qual und Wonne auslöst. Der andere ist der Gefühlsaufbau, eine Kultivierung des Gefühls, durch die wir uns zur Lebensführung in einer menschlichen Gemeinschaft befähigen.

In den Dichtungen *La Nouvelle Heloise* und *Emma* strebt die bürgerliche Gefühlswelt nach etwas Höherem: nach der Erschaffung einer ihr angemessenen Welt, und zwar solcher Gemeinschaften, die die reiche Entfaltung einer menschenwürdigen Gefühlswelt ermöglichen. Für Saint-Preux, den männlichen Helden in Rousseaus Briefroman, ist das Gefühl in sich selbst noch keine Tugend, die Emotionen müssen in „tugendhafte Fertigkeiten“ umgewandelt werden – und dies ist eine Aufgabe. Darum ist der „Wertherismus“ nur ein Moment der Entwicklung des Saint-Preux. Goethes spätere Reflexion über seinen Helden („sei ein Mann und folge mir nicht nach“) offenbart, wohin die Entwicklung gehen müsste.

Wenn unsere Gefühle die konventionell-entfremdete Gefühlswelt leugnen, können wir uns der Kultivierung unserer eigenen Natur zuwenden, so wie es

Werther und de Sades Helden taten, ohne danach zu fragen, ob dies ein Modell für ein Zusammenleben in der gegebenen Gesellschaft sein kann. Aber wir können auch einen anderen Weg einschlagen, indem wir eine Aufgabe wählen, deren Gefühlsstruktur zur gesellschaftlichen Verallgemeinerung geeignet ist. Dann wirkt die Aufgabe auf die „Innerlichkeit" zurück. Werther hat keine Aufgabe in der Welt, sein Verhältnis zu sich selbst ist narzisstisch, so wie die de Sadeschen Besessenen des Genusses auch narzisstisch sind. Saint-Preux gestaltet – nicht allein, sondern zusammen mit anderen – die Aufgabe, er ist in etwas involviert, das sich außerhalb von ihm befindet und darum ist seine Gestalt von „emotionalem Aufbau" gekennzeichnet. Dass die Gemeinschaft, die er und seine Freunde schaffen, genau so Utopie ist wie später der „Turm" Wilhelm Meisters und seiner Gefährten, tut dem repräsentativen und vorbildlichen Charakter des Versuchs keinen Abbruch.

Die Romane Jane Austens – vor allem *Emma* – bekräftigen ebenfalls die Vorbildlichkeit dieses Versuches. Emma ist das englische Gegenstück des Wilhelm Meister, nur ist das Werk nicht philosophisch aufgebaut, seine Welt ist beschränkter, es fehlt am Märchenhaften, die prosaischen Elemente herrschen vor.

> Aber gerade ihr prosaischer, man könnte sagen, banaler Charakter macht Emma so vorbildlich. Denn damit kann der schönste bürgerliche Gefühlsaufbau ... geschildert werden. Die Harmonie des Inneren und des Äußeren, die Einheit der Aufgabe und des emotionalen Aufbaus leuchten hier im Glanz der Möglichkeit. Wir befinden uns nicht auf der Weltbühne, sondern in einer englischen Kleinstadt. Nicht der „Weise" führt uns mit der Schicksalhaftigkeit der Märchen, sondern ein gewöhnlicher, anständiger Mensch. Die Aufgaben sind: die Organisierung einer Farm, die Ehe, die Erziehung der Kinder, die Entwicklung der Beziehungen mit allen Menschen, ihrem Verdienst und nicht ihrem sozialen Rang gemäß. Die Aufgabe ist bescheiden, sie gelangt jedoch dadurch in die Nähe jedes Menschen. Gerade das prosaische Modell ist es, das die Bestrebung der bürgerlichen Gefühlswelt nach Universalität suggeriert: du kannst es tun, auch du, und auch du – es ist möglich! (Heller 1981, S. 265)

So entdeckt die bürgerliche Welt ihre Aufgabe. Daher gibt es in dieser Epoche so viele emotionale Begriffe, wie „Sehnsucht", „Herz", „Seele", „Schmerz", „Glück", „Leidenschaft", „Wonne", „Empfindung" und „Liebe". Der Charakter ist offen und tut seinem Ausdruck keinerlei Zwang an. Das gilt nicht nur für die schöne Seele, sondern auch für die böse; alle de Sadeschen Helden können die Worte „Egoismus“ und „Genusssucht“ nicht oft genug aussprechen. Diese Anhäufung der emotionalen Ausdrücke verweisen darauf: eine Klasse hat sich mit ihren eigenen Gefühlen identifiziert.

Illustration der Krise der bürgerlichen Gefühlswelt

Bei der Charakteristik der Gefühlswelt des zweiten „Schnittes“ stützt sich Heller auf folgende Werke: Kafkas *Der Prozeß*, Musils *Der Mann ohne Eigenschaften* und Thomas Manns *Der Zauberberg*.

Von den 30er Jahren des XX. Jahrhunderts an verliert die bürgerliche Gefühlswelt allmählich ihren repräsentativen Charakter und wird auch in den künstlerischen Werken nur historisch als Vergangenheit dargestellt. In den genannten Romanen ist tatsächlich von der Krise der bürgerlichen Gefühlswelt die Rede. Überall wird die Spaltung des Inneren und des Äußeren offenbar. Heller sieht die Ursache dieser Spaltung in der Diskrepanz zwischen dem Individuum und seiner Aufgabe.

> Hier ist die Aufgabe im Vergleich zum Individuum entweder zu kleinlich und darum nichtig, oder zu groß und ihm nicht angemessen. Dort, wo die Aufgabe zu klein ist, entsteht das Groteske – wie im Verhältnis der Persönlichkeit Ulrichs und der „Parallelaktion“. Dort, wo die Aufgabe zu groß ist, entsteht die Absurdität – wie im Verhältnis von K. und der Welt des Prozesses. Dort, wo aus den kleinlichen Aufgaben flüchtend, der Held die Aufgabenlosigkeit wählt, taucht die Ironie auf, wie im Falle Hans Castorps. (Heller 1981, S. 268)

Und darum sind im Sinne von Musil alle drei Protagonisten „ohne Eigenschaften“; denn Eigenschaften befähigen die Person, adäquate Aufgaben zu wählen und auszuführen.

Bei Kafka verschwindet der emotionale Ausdruck fast vollständig. Das Verhältnis von K. zur Welt ist rein kognitiv und zwar ohne jede Selbstreflektion. Er hat keinerlei Gefühlsdispositionen, sonderbarerweise nicht einmal Angst. Er wählt emotionale Begriffe wie „ich bin überrascht“, „ich bin erstaunt“; Dinge geschehen „unerwartet“; ihn erfasst eine „unbezähmbare Neugierde“. Kafka gebraucht demnach am häufigsten Gefühlsbegriffe, die einen kognitiven Inhalt haben, darunter vorwiegend solche, die auf Plötzlichkeit hinweisen. Die Spaltung des Inneren und des Äußeren wird hier so dargestellt, dass die Innerlichkeit verschwindet; schließlich wird das Äußere auch reaktiv. Die Reduktion der Gefühle auf das äußerlich Reaktive ist organisch eins mit der Irrealität der Welt, mit der Auflösung des Verhältnisses von Ursache und Folge. Die Aufgabe, der Irrealität des Prozesses auf den Grund zu gehen, ist für den Helden zu groß: darum verschwindet eben das Innere.

Bei Musil haben wir es mit einem dem Kafka'schen geradezu entgegengesetzten Erleben der Spaltung des Äußeren und Inneren zu tun. Den Hauptfiguren fehlen Eigenschaften, weil sie keine Aufgabe haben. Im Gegensatz zu Kafka häufen sich die emotionalen Ausdrücke z.B. in folgendem Satz: „Auf den Bruchteil einer Sekunde genau flogen Heiterkeit, Trauer, Zorn und Angst, Lieben und Hassen, Begehren und Überdruss durch Walter und Clarisse hindurch." (Heller 1981, S. 271) Aber die reich strömenden Gefühle sind kraft- und gegenstandslos, weil die Möglichkeiten der Verwirklichung alle so kleinlich sind, dass sie das Gefühl sofort töten. Unter den zahlreichen erotischen Beziehungsversuchen geht keine einzige in Erfüllung. Nur die unerfüllte Erotik ist gehaltvoll, die erfüllte wird sofort inhaltlos.

Ulrichs dramatischer Kampf um das Verständnis der Gefühle ist Musils philosophisch-theoretische Formulierung der Krise der bürgerlichen Gefühlswelt. Der interessanteste Teil der Analyse berührt die für die Darstellung entscheidende Grundfrage: das Verhältnis des Äußeren und des Inneren, das Problem der Einheit der Innerlichkeit und des in der Handlung, in der Welt sein Heim findenden Gefühls.

Der Gefühlshaushalt

Das freie Individuum – Der Gefühlshaushalt knüpft immer an die Aufgabe an, sei diese eine festgesetzte oder gewählte. Es hängt also von der jeweiligen Aufgabe ab, welcher Qualität die Gefühle sind, die wir zu Handlungen machen und die unsere Einstellungen bestimmen.

Die bürgerliche Gesellschaft ermöglicht es dem Einzelnen, Werte und Aufgaben zu wählen, die seiner Natur entsprechen. Deshalb muss er Gefühle entwickeln und kultivieren, die für die gewählte Aufgabe erforderlich sind. Die Aufgaben machen den Aufbau einer Gefühls- und Werthierarchie notwendig und sind eine Bedingung für die Entfaltung der Persönlichkeit. Die moderne Ökonomie erschafft also die Möglichkeit eines adäquaten Gefühlsaufbaus, setzt dem Einzelnen jedoch gleichzeitig Grenzen, indem sie ihn den Pseudo-Naturgesetzen der Ökonomie unterwirft.

Die bürgerliche Weltanschauung – Grundlage der Weltanschauung ist die Gefühlshierarchie bzw. der Gefühlshaushalt. Die Weltanschauung ist ebenso eine Frucht der bürgerlichen Weltepoche wie der Gefühlshaushalt. Sie ist das Resultat einer anthropologischen Verallgemeinerung der Gefühle. Kinder wachsen in der Weltanschauung der Eltern auf – Scheler spricht deshalb von der „natürlichen Weltanschauung“. Kommt es in der Pubertät nicht zur Ausgestaltung einer individuellen Weltanschauung, führt das zu Intoleranz. Bei der „kleinen Seele“ nimmt die Intoleranz meistens die Form einer bornierten Ablehnung anderer Lebensanschauungen an. Für die große Seele bedeutet es einen ständigen Versuch, den Mitmenschen auf das Niveau der eigenen Anschauung zu heben. Heller verweist hier auf das Verhältnis zwischen Marquis Posa und Don Carlos.

Der bürgerliche Gefühlshaushalt hat also dem vorurteilsfreien emotionalen Individuum den Weg geöffnet. Zu seinen Eigenschaften gehören: das bewusste Verhältnis zur Gattung, die Selbsthingabe an das Objekt und an die Aufgabe; aber eine Hingabe, von der wir uns auch distanzieren können. Die Gattung, „die Menschheit“ als regulative Idee ist die Frucht der bürgerlichen Weltepoche. Das unmittelbar-emphatische Verhältnis zur Gattung, das „Seid umschlungen Millionen, diesen Kuss der ganzen Welt“ ist die Emphase der bürgerlichen Gefühlswelt. Die völlige Selbsthingabe an die Aufgabe war immer möglich, aber die Hingabe mit dem Moment der Distanz ist Ergebnis der Wertpluralität. Die Distanz von uns selbst war aufgrund der Werte auch immer möglich, aber nun bedeutet sie – mit der Kultivierung der eigenen Natur – die Möglichkeit einer „reinen Gesellschaft“.

Der Gefühlshaushalt der entfremdeten Arbeit – Jede zu leistende Arbeit fordert vom Einzelnen einen Gefühlsaufwand. Stellt die Arbeit für ihn aber nur ein bloßes Mittel der Selbsterhaltung dar, dann ist die Gefühlsinvestition für den Aufbau seiner Person irrelevant. Die Spezialisierung der Arbeit ist dann ein negativer Faktor, wenn die in die Arbeit investierten Gefühle keine Persönlichkeitsgefühle sind, also nicht dem sittlichen Charakter unserer Person entsprechen. Werden Persönlichkeitsgefühle investiert, wie das in Berufen mit spezieller Organisation und höherer Verantwortung gegeben ist, trägt die Arbeit zur Persönlichkeitsentwicklung bei.

Der Mangel an Arbeit ist negativ, weil er meist auch mit sozialer Verarmung einhergeht. Ohne den gesellschaftlichen Auftrag gibt es für die Mehrheit der

Menschen keine Aufgabe mehr. Der Wille, der kein Objekt mehr hat, wird zum bloßen Wunsch. Menschliche Kontakte werden aber nur authentisch und tief, wenn sie im Rahmen verpflichtender Aufgaben gepflegt werden. Literarische Beispiele in diesem Sinn sind *Wilhelm Meister* und *Neue Heloise*.

Die Verarmung der Gefühle in der bürgerlichen Weltepoche

Die Spaltung des bürgerlichen Individuums – Die Entfremdung des Menschen in der bürgerlichen Weltepoche hat eine Spaltung in Bourgeois und Citoyen mit sich gebracht, die auch in einer Person vorkommen kann. Während ein Bourgeois die Motive seines politischen Verhaltens aus den Verhältnissen des realen Lebens entwickelt, richtet ein Citoyen sein Leben nach übergeordneten Ideen aus. Der Bourgeois ist geeignet für die Arbeit in der Warenproduktion, in der „prosaischen" Industrie und im Handel. Zur Durchführung einer politischen Revolution werden aber Menschen benötigt, die ihre Tätigkeit auf Ideen stützen, die zu größten Opfern bereit sind und ihre persönlichen Interessen zurückstellen. Der Gefühlshaushalt des Bourgeois unterscheidet sich radikal von dem des Citoyen. Sie haben aber einen einzigen gemeinsamen Charakterzug: die Verarmung ihrer Gefühlswelt.

Die Gefühlswelt des Bourgeois – Das Bourgeois-Verhalten bildet sich in der „Prosa" des Alltags, wo es um bloße Selbsterhaltung und immer mehr Besitz geht. Die „Notwendigkeit" ist die Richtschnur für das Handeln des Bourgeois. Es gilt das Wertorientierungspaar *nützlich/schädlich.* Das Wertpaar *gut/böse* wird zumindest der Tendenz nach zum Synonym des Nützlich/Schädlichen. Wer dem Nützlichkeitsmaßstab nicht folgt, wer nicht zu Kniffen und unfairem Handeln bereit ist, wird verachtet. Der Nutzen stellt aber für die Entfaltung der Gefühlswelt keinen Maßstab dar; denn der Nutzen ist immer nur quantitativ. So entstehen die Süchte Habsucht, Ruhmsucht und Herrschsucht. Alle drei sind unbegrenzt:

> Wir können nicht soviel besitzen, dass wir nicht noch mehr besitzen wollten, unsere Macht kann nicht so groß sein, dass wir eine noch größere nicht begehren würden, und wir können nicht so viel Ruhm ernten, dass wir nicht noch mehr Ruhm ernten möchten. (Heller 1981, S. 300)

In der bürgerlichen Gesellschaft gibt es immer wieder Gegentendenzen, aus denen u.a. die Ideologie des Übermenschen entstand. Balzac schuf diesen

Übermenschen in den gigantischen Figuren „Vautrin" in *Glanz und Elend der Kurtisanen* und „Gobseck" in *Der Wucherer*. Vautrin ist der ins Dämonische gesteigerte Bourgeois. Er ist dämonisch, weil er sich nicht nur jenseits der Moral stellt, sondern dies auch zu seinem Prinzip macht und daraus seine Anziehungskraft bezieht. Die Bourgeois-Dämonen gehören aber zur selben bürgerlichen Clique wie ihre kleinlichen Vertreter in der Bürokratie. So tritt der „große" Vautrin als Krönung seiner Karriere in den Dienst der Polizei. Der „Übermensch" geht den Weg des wertlosesten „Untermenschen".

Der Übermensch des 19. Jahrhunderts, der aufgeblasene, sich über das Gesetz und andere Menschen stellende Bourgeois, lebt im Zauber der Persönlichkeit Napoleons. Napoleon wird zum Bourgeois-Ideal par excellence, das die bürgerliche Gesellschaft verkörpert, andererseits verachtet. Dies ist auch bei Raskolnikow der Fall, der „Napoleon folgend", sich über Gesetz und Moral stellt und zum Mörder wird. Erst die Güte erlöst ihn, indem sie seine den Süchten untergeordneten Gefühle – das Mitleid, die Teilnahme, die Liebe – in ihm frei macht.

Die Gefühlswelt des Citoyen – Der Citoyen oder auch Staatsbürger hat eine Leidenschaft, die Idee, der er seine gesamte Gefühlswelt unterordnet. Das von der Idee ausgelöste Gefühl ist der Enthusiasmus, die Begeisterung. Jedes Gefühl, das diese Begeisterung schwächt, wird abgewertet. Den gleichen Enthusiasmus erwartet er von seinesgleichen. Alle Gefühle, die „privaten" Wurzeln entwachsen, werden als partikular verurteilt. Heine hat in erschütternder Weise diese Gefühlshaltung in Verse gefasst:

> Was schert mich Weib, was schert mich Kind, ich trage weit besseres Verlangen: Lass sie betteln gehn, wenn sie hungrig sind – mein Kaiser, mein Kaiser gefangen! (Heine nach Heller 1981, S.306)

Weib und Kind, also jede persönliche Bindung, wird gegenüber dem Ideal – Kaiser Napoleon – null und nichtig. Dieses Ideal ist der Begeisterung allein würdig. Es handelt sich hier ebenso wie beim Bourgeois um eine Verkümmerung – Heller spricht von Abstrahierung – des Gefühlslebens.

> Wir können dem Citoyen-Enthusiasmus die Größe nicht absprechen. Vor allem zeigt seine Existenz und seine unaufhörliche Wiedergeburt ..., dass sich die Gefühle immer gegen die Alleinherrschaft der Habsucht auflehnen, dass immer auch eine Gefühlswelt existiert, die sich nicht um

> den Egoismus herum ordnet ..., dass die nützlich-schädliche Orientierung den Platz der gut-bösen Orientierung nie ganz einnehmen kann. (Heller 1981, S. 308)

Der Citoyen-Enthusiasmus hat zwei „Gefahrenzonen“. Einerseits identifiziert er sich auf unkritische Weise mit seiner Idee und wird leicht zum Fanatiker. Auf der anderen Seite fehlt ihm Lebensfreude, er ist ein Feind aller Sinnlichkeit, weil die abstrakte Idee Askese erfordert.

In der Krisenepoche der 20er Jahre des 20. Jahrhunderts „stirbt“ der dämonische Bourgeois – verkörpert in den Figuren „Vautrin“ oder „Gobseck“ – allmählich aus. Gleichzeitig taucht in der Literatur zu jenem Zeitpunkt der dämonische Enthusiast auf, z.B. im *Zauberberg* von Thomas Mann. Während dort Settembrini mit traditionellen Werten wie Vernunft, Freiheit und Vaterland als klassischer Citoyen erscheint, repräsentiert sein Gegenspieler Naphta mit antihumanem und anti-aufklärerischem Gedankengut den dämonischen Enthusiasten.

Bürgerliche Gefühlskonkretisierung – Nach der Krise in den 20er Jahren des 20. Jahrhunderts steht im Zentrum der bürgerlichen Weltepoche nicht mehr die bürgerliche Gefühlswelt. Das zeigt sich trotz aller Unterschiede in Thomas Manns Joseph-Romanen, Heinrich Bölls Romanen, Bert Brechts Dramen und Becketts Farcen. Die neuen sich entwickelnden Gefühlsstrukturen haben einen gemeinsamen Zug, nämlich die *Konkretisierung*.

Heller betrachtet die so bezeichnete, gegenwärtig zunehmende Ausrichtung der Gefühle auf konkrete Aufgaben zunächst vom Gesichtspunkt der Süchte, dann von dem des Enthusiasmus aus. Was die Hab-, Ruhm- und Herrschsucht angeht, so entnimmt Heller ihr Material der amerikanischen Gesellschaft, weil sich hier die Tendenz zur Konkretisierung am deutlichsten zeigte. Auf die Umgestaltung der Persönlichkeit machten C. Wright Mills in seiner Studie über die „White collars“ und D. Riesman mit den „innengeleiteten“ und „außengeleiteten“ Menschen aufmerksam. Die Orientierung nützlich/ schädlich wird abgelöst von den Orientierungen richtig/unrichtig und erfolgreich/erfolglos. Die Anpassung ist der führende Wert. Die Gefühle werden konkret, aber wegen wechselnder und banaler Aufgaben flach. So verwandeln sie sich in Rollen; aber die Rollen verbinden sich nicht. Daher fehlt den Individuen das organisierende Prinzip, so dass ihr Gefühlsleben auf Nachahmung angewiesen ist. Die

Nachahmung von emotionalen Mustern (patterns), die von Film und Medien tagtäglich angeboten werden, wird zum Ersatz für eigenständige Gefühle.

Die autoritäre Erziehung machte den Menschen hart und grausam, aber sie verlieh ihm auch Willenskraft und entwickelte in ihm das Bewusstsein der Verantwortung für sich und andere. Die zur Anpassung („Adjustment"-Orientierung) gehörende permissive Erziehung setzt sich zwar in ihrer Ideologie die Entwicklung der Persönlichkeit zum Ziel, ist aber in der Praxis dazu unfähig. Die eigene Natur des Kindes kann sich nicht entwickeln, wenn wir es nicht mit moralischen Erfordernissen konfrontieren. Die permissive Erziehung bietet der menschlichen Persönlichkeit keine Kristallisationspunkte. Die partikularen Gefühle sind zwar nicht unterdrückt, aber auch nicht reguliert; deshalb kann sich keine Ich-Struktur entwickeln. Das nicht strukturierte Ich ist zur Anpassung an jede beliebige Rolle bereit; aber dort wo es keine Tiefe gibt, hat die oberflächliche Nachahmung der Gefühle einen freien Spielraum. Das geschwächte Ich kann sich nur ändern, aber nicht wachsen. Die Folge dieser Entwicklung ist die Entstehung von permanenter Angst.

Die weit verbreitete Anpassungsideologie hat Gegentendenzen auf den Plan gerufen: das Aussteigertum, vor allem in Bezug auf die Rollen der Arbeitsteilung. Als Gegensatz zu den auf soziale Geschicklichkeiten (skills) reduzierten Gefühlen entwickelte sich die reine Unmittelbarkeit, die Kultivierung des spontanen Ich-Ausdrucks. Der Kult der Unmittelbarkeit erzeugte wiederum den Kult der unmittelbaren Genussfähigkeit in der Erotik und im Drogenkonsum. Beide ermöglichen die ständige Verschmelzung von Subjekt und Objekt (peak experience). Da aber die psycho-physischen Energien eines Menschen nicht unbegrenzt sind, führt dies nicht nur zu einer Verminderung der Gefühlsfähigkeit, sondern auch zu einem *Radikalismus* des Gemüts und letztlich zu körperlicher und seelischer Zerrüttung.

Der moderne Mensch hat nur zwei Alternativen: die Anpassung an die Arbeitsteilung mit dem Verlust des Persönlichkeitsaufbaus oder das Aussteigertum mit dem Radikalismus des Gemüts. Häufig sind auch Menschen in unserer Gesellschaft anzutreffen, die zwischen diesen Alternativen wechseln, nämlich zwischen einem ungeliebten Arbeitsleben und extremer Freizeitgestaltung wie maßlosem Alkoholkonsum oder Extrem-Sport.

Der zukünftige Mensch

Wie könnte dieser Antagonismus zwischen Anpassung und Aussteigertum überwunden werden? Heller spricht von einen „neuartigen Enthusiasmus", der seine Gefühle in die Realisierung der konkreten Aufgaben einer neuen Gesellschaft „investiert", einen Enthusiasmus, dessen Aufgaben auf den konkreten Menschen bemessen sind. (Heller 1981, S. 327)

Was Heller konkreten Enthusiasmus nennt, entnimmt sie den letzten Briefen zum Tode verurteilter Antifaschisten. Dort findet sie die Ablehnung von Heroismus und Märtyrertum. Ein Motiv ist die Notwendigkeit der Pflichterfüllung, ein weiteres die Rettung anderer, getragen von dem tiefen Glauben an eine menschlichere Zukunft.

> Was für ein Leben geht hier im Tod in Erfüllung? ... Das eine Motiv ist dasjenige der Pflichterfüllung, das andere Motiv die Rettung anderer. ... Was ist die Norm des Lebens, die hinter diesen Botschaften steht? Die der Pflichterfüllung, die sich immer als Involviert-Sein in andere ausdrückt. Es ist dies ein Leben, das auf den Menschen des Alltags bemessen ist. Also eine Pflicht, die sich mit der Liebe trifft, nicht mit der Liebe zur Idee, sondern mit der Liebe zu den Menschen und zugleich mit der Liebe zum Leben, jeder kleinen Freude und Schönheit des Lebens. (Heller 1981, S. 329)
>
> Die Pflichterfüllung mit Liebe gepaart, die einfache Liebe des Lebens, die Bedeutung des Lebens der anderen für unser Leben: all dies konstituiert schon jene konkrete Idee, aus der diese Menschen ihr Pathos geschöpft haben. (Heller1981, S. 330)

Der konkrete Enthusiasmus formuliert immer wieder jene Zukunft, die von den konkreten Bedürfnissen der Menschen ausgeht und ihnen reiche Lebensmöglichkeit bietet.

> Der Enthusiast der konkreten Ideen ... liebt das Leben, die Freuden des Lebens, die Menschen. Er ist kein Asket, verachtet die Genussfähigkeit nicht. Er unterdrückt nicht ... seine Gefühle aus Begeisterung für die Idee und verlangt es auch von den anderen nicht. Aber immer und überall weist er auf die Aufgabe hin. Er ist das repräsentative Individuum der modernen Epoche, den Brecht, das Wesentliche berührend, einfach nur den „guten Menschen" nannte. (Heller 1981, S. 331f.)

Literaturverzeichnis

Adler, Alfred (1927) Menschenkenntnis, Frankfurt a.M. 1972;

Ders. (1930) Praxis und Theorie der Individual-Psychologie, Frankfurt a.M. 1974;

Ders. (1933) Der Sinn des Lebens, Frankfurt a.M. 1973;

Ders. (1964) Psychotherapie und Erziehung, Bd. I, Frankfurt a.M. 1982;

Freud, Sigmund (1895d) Studien über Hysterie. Zur Psychotherapie der Hysterie, GW Bd. 1, S. 252 f.;

Ders. (1907a) Der Wahn u. die Träume in W. Jensens „Gradiva", GW Bd. 7, S. 31f.;

Ders. (1912e) Ratschläge für den Arzt bei der psychoanalytischen Behandlung, GW Bd. 8, S. 321 f. und S. 375 f.;

Ders. (1930a) Das Unbehagen in der Kultur, GW Bd. 14, S. 419 f.;

Fontane, Theodor (1987) Briefe, II. Bd., Frankfurt a.M.-Berlin 1987;

Fromm, Erich (1941) Die Furcht vor der Freiheit, Frankfurt a.M. 1972;

Fuchs-Lévy, Irmgard und Greulich-Janssen, Gisela (1991) Über das Wesen und die Dynamik des Gefühls, Verlag für Tiefenpsychologie Berlin, 1991;

Hamburger, Käte (1985) Das Mitleid, Stuttgart 1985;

Hartmann, Nicolai (1933) Das Problem des geistigen Seins, Berlin 1933;

Heller, Agnes (1981) Theorie der Gefühle, Hamburg 1981;

Hilgers, Micha (1996) Scham – Gesichter eines Affekts, Göttingen–Zürich 1996;

Joyce, James (1916) Ein Portrait des Künstlers als junger Mann, Süddeutsche Zeitung/Bibliothek, München 2004;

Kaminski, Katharina (2014) Selbstwertstreben und Selbstwertgefühl, Göttingen 2014;

Kant, Immanuel (1922) Werke, hrsg. v. E. Cassirer, Bd. 7, Berlin 1922;

Kronauer, Ulrich (1990) Vom Nutzen und Nachteil des Mitleids, Frankfurt a.M. 1990;

Mader, Wilhelm (1980) Scheler, Reinbek 1980;

Mentzos, Stavros (2009) Lehrbuch der Psychodynamik – Die Funktion der Dysfunktionalität psychischer Störungen, 4. Aufl., Göttingen 2010;

Ders. (2012) Hysterie – Zur Psychodynamik unbewusster Inszenierungen, 10. Aufl., Göttingen 2012;

Neiss-Rattner, Roswitha (2014) Unveröffentlichtes Manuskript, Berlin 2014;

Nietzsche, Friedrich (1881) Morgenröte, Sämtliche Werke, Kritische Studienausgabe, Bd. 3, München-Berlin 1980;

Ders. (1886) Jenseits von Gut und Böse, Sämtliche Werke, KSA Bd.5, München-Berlin 1980;

Ders. (1886) Also sprach Zarathustra, Sämtliche Werke, KSA Bd. 4, München-Berlin 1980;

Platon (1979) Das Gastmahl, Stuttgart 1979;

Rank, Otto (1907) Der Künstler; Ansätze zu einer Sexualpsychologie, Wien 1907;

Ders. (1929) Wahrheit und Wirklichkeit, Entwurf einer Philosophie des Seelischen, Wien 1929;

Ders. (1926) Technik der Psychoanalyse, Bd. I Die analytische Situation, Wien 1926;

Ders. (1929) Technik der Psychoanalyse, Bd. II Die analytische Reaktion in ihren konstruktiven Elementen, Wien 1929;

Ders. (1931) Technik der Psychoanalyse, Bd. III Die Analyse des Analytikers, Wien 1931;

Rank, Otto/Ferenczi, Sándor (1924) Entwicklungsziele der Psychoanalyse, Wien 1924;

Rattner, Josef (1986) Notizen eines Psychotherapeuten und Kulturpsychologen, unveröffentlichtes Manuskript, Berlin 1986;

Ders. (1988b) Was ist Tugend, was ist Laster? Tiefenpsychologie und Psychotherapie als angewandte Ethik, München 1988;

Ders. (1994) Kritisches Wörterbuch der Tiefenpsychologie für Anfänger und Fortgeschrittene, Berlin-München 1994;

Ders. (1995) Klassiker der Psychoanalyse, Weinheim 1995;

Ders. (1994a) Die Bedeutung der Weltanschauung für Erziehung, Psychotherapie und Selbsterziehung, in: Miteinander leben lernen. Zeitschrift für Tiefenpsychologie, Persönlichkeitsbildung und Kulturforschung, Jahrg. 1994, Heft 6, S. 48-58;

Ders. (1995) Individualpsychologie von Scham und Schüchternheit, in: Miteinander leben lernen. Zeitschrift für Tiefenpsychologie, Persönlichkeitsbildung und Kulturforschung, Jahrg. 1995, Heft 6, S. 2-20;

Ders. (1997) Vier subjektive Lebensaufgaben. In: Miteinander leben lernen. Zeitschrift für Tiefenpsychologie, Persönlichkeitsbildung und Kulturforschung, Jahrg. 1997, Heft 1, S. 39-49;

Ders. (1999) Zur Einführung der Person in Theorie und Praxis der Heilkunde. In: Miteinander leben lernen. Zeitschrift für Tiefenpsychologie, Persönlichkeitsbildung und Kulturforschung, Jahrg. 1999, Heft 6, S. 21-31;

Ders. (2005) Über die hauptsächliche Motivation des Menschen. In: Miteinander leben lernen. Zeitschrift für Tiefenpsychologie, Persönlichkeitsbildung und Kulturforschung, Jahrg. 2005, Heft 6, S. 8-14;

Ders. (2006a) Über den Begriff der seelisch-geistigen Entwicklung. In: Miteinander leben lernen. Zeitschrift für Tiefenpsychologie, Persönlichkeitsbildung und Kulturforschung, Jahrg. 2006, Heft 3, S. 11-16;

Ders. (2006b) Über die Geistigkeit des Menschen und wie man sie entwickelt. In: Miteinander leben lernen. Zeitschrift für Tiefenpsychologie, Persönlichkeitsbildung und Kulturforschung, Jahrg. 2006, Heft 3,S. 17-27;

Rattner, Josef/ Danzer, Gerhard (2000) Grundbegriffe der Tiefenpsychologie und Psychotherapie, Darmstadt 2000;

Rattner, Josef/Mackenthun, Gerald (2015) Ein Psychotherapeut und Kulturanalytiker im Gespräch. Vierzig Fragen und Antworten zum Aufbau einer personalen Menschenkunde, Berlin 2015;

Riemann, Fritz (1961) Grundformen der Angst, 5. Aufl., München/Basel 1970;

Ders. (1974) Grundformen helfender Partnerschaft, München 1974;

Scheler, Max (1912) Wesen und Formen der Sympathie, Bern 1974;

Ders. (1980) Der Formalismus in der Ethik und die materiale Wertethik, 6. Aufl. Bern und München 1980;

Schischkoff, Georgi (1974) Philosophisches Wörterbuch, 19. Aufl. Stuttgart 1974;

Schmidbauer, Wolfgang (1977) Die hilflosen Helfer, Reinbek 1977;

Spinoza, Baruch de (1677) Die Ethik, Stuttgart 1977;

Tolstoj, Leo N. (1923) Kindheit, Knabenalter, Jünglingsjahre, Frankfurt a.M. 1976;

Tschechow, Anton (1898) Der Mensch im Futteral, Berlin (DDR) 1984.

Editorische Notiz

S. 11: Gefühl – Wert – Liebe und Person in der Philosophie Max Schelers und in der Psychotherapie (Vortrag, gehalten im Februar 2000 in der Lessinghochschule Berlin)

S. 29: Entwicklung zur Person in Theorie und Psychotherapie bei Josef Rattner – mit einer Fallgeschichte (Aufsatz, verfasst von Gert Janssen, Berlin Januar 2017)

S. 53: Gefühlsentwicklung und Werthorizont einer zwanghaften Persönlichkeit am Beispiel von Anton Tschechows Erzählung „Der Mensch im Futteral" (Seminar im September 2013 am Institut für Tiefenpsychologie, Gruppendynamik und Gruppentherapie ITGG, Berlin)

S. 63: Über den produktiven Umgang mit Affekten – am Beispiel einer Szene aus dem Roman „Das Portrait des Künstlers als junger Mann" von James Joyce (Vortrag, gehalten im Juni 2014 am ITGG Berlin)

S. 73: Mitleid und Mitgefühl als Komponenten der therapeutischen Haltung aus philosophischer und tiefenpsychologischer Sicht (Aufsatz, verfasst zusammen mit Gert Janssen, veröffentlicht in *Verständnis und Mitgefühl*, Hrsg. Gerald Mackenthun, Würzburg 2000)

S. 89: Schamaffekte und Schamgefühle – Dynamik, Wesen und Psychotherapie – mit zwei kurzen Fällen (Seminar im September 2012 am ITGG Berlin)

S. 101: Das Willens-Schuld-Problem in der Psychologie und Psychotherapie bei Otto Rank (bislang unveröffentlichtes Manuskript von 2010)

S. 115: Verdrängung und Widerstand in der Psychologie von Otto Rank an Hand zweier Fallgeschichten (Vortrag, gehalten im März 2010 am ITGG Berlin)

S. 127: Über den Zusammenhang von Fühlen und Denken aus Sicht der philosophischen Anthropologin Agnes Heller (Vortrag, gehalten im Januar 2011 am ITGG Berlin)

S. 137: Wandlungen der Gefühle in der bürgerlichen Epoche – Soziologisch-literarische Betrachtungen von Agnes Heller (Aufsatz, verfasst zusammen mit Gert Janssen, Berlin Juni 2017)

Über die Autoren

Gisela Greulich-Janssen, geb. 1937, Dr. phil., Dipl.-Psych., Psychotherapeutin in eigener Praxis, Dozentin, Supervisorin und Lehrtherapeutin am Institut für Tiefenpsychologie, Gruppendynamik und Gruppentherapie (ITGG) Berlin; Promotion 1991 mit der Dissertation „Über das Wesen und die Dynamik des Gefühls".

Gert Janssen, geb. 1939, Dr. jur., Dr. phil., Jurist und Psychologe, langjähriger Mitarbeiter am ITGG; Promotion in Psychologie 1992 mit der Dissertation „Der Begriff der Sublimierung und seine Bedeutung für Erziehung und Psychotherapie".

Neuerscheinung Juli 2017

Reinhold Köpke
Keine Angst vor Goethe
Eine Annäherung in 23 Kapiteln
234 S., Hardcover, erschienen Juli 2017
ISBN: 978-3-946130-12-3
24,00 €

Über den Inhalt

Reinhold Köpkes Reiseerlebnisse, seine Vorträge und Aufsätze bringen uns Goethe und die anderen Personen des klassischen Weimars auf unaufgeregte und informative Weise nahe. Wir lesen von Goethes Genie und Schaffenskraft, seiner Arbeit und seiner Geselligkeit, von seinem Liebesleben und von seinem Umgang mit Muße und Stille.

Seit 1980 hat der Berliner Psychologe Köpke mehr als 100 Mal Weimar und damit Goethe besucht. Diese Beschäftigung war ein Tor in die Welt des menschlichen Seelenlebens, denn die Person Goethes wirft ein vielfältiges Licht auf die menschliche Existenz im Allgemeinen.

Das Buch mit seinen 23 Aufsätzen und Vorträgen eignet sich hervorragend zur Vorbereitung auf eine Weimarreise und kann ebenso angenehmes Erinnerungsstück eines Besuchs dieser kulturell so anregenden Stadt sein.

Über den Autor

Reinhold Köpke, geboren 1940, gelernter Installateur- und Klempnermeister, wechselte nach einem Studium der Psychologie 1999 in den Beruf des Psychotherapeuten. Er hielt Dutzende Kurse an Berliner Volkshochschulen und leitete Seminare an der Berliner Lessing-Hochschule.

Bestellungen in allen Buchhandlungen und auf allen Internet-Plattformen.

Matthias Voigt
Erziehung, Pädagogik und die Kultur der Menschheit
Der Beitrag der Tiefenpsychologie zur kulturellen Evolution
270 Seiten, gebunden, erschienen April 2017
ISBN 978-3-946130-11-6
27,00 €

Grete J. Adrian
Spiel als Erziehung – Erziehung als Spiel
Ein Essay
192 Seiten, Paperback, erschienen Oktober 2017
ISBN: 978-3-946130-07-9
18,00 € (D; A), 22,00 CHF

Phyllis Bottome
Alfred Adler – aus der Nähe porträtiert
304 Seiten, gebunden, 2., verbesserte Auflage
Juli 2017
ISBN: 978-3-00-040056-8
30,00 €